北方民族大学文史学院文库

『天盛改旧新定律令』与中华法系综合研究

陈 旭 ◎ 著

北方民族大学双一流建设经费资助

中国社会科学出版社

图书在版编目(CIP)数据

《天盛改旧新定律令》与中华法系综合研究 / 陈旭著 . —北京：中国社会科学出版社，2018.6（2019.8 重印）

ISBN 978-7-5203-3040-4

Ⅰ.①天… Ⅱ.①陈… Ⅲ.①法制史-中国-西夏②《天盛律令》-研究 Ⅳ.①D929.463

中国版本图书馆 CIP 数据核字（2018）第 193604 号

出 版 人	赵剑英
责任编辑	任　明
责任校对	闫　萃
责任印制	李寡寡

出　版	中国社会科学出版社
社　址	北京鼓楼西大街甲 158 号
邮　编	100720
网　址	http://www.csspw.cn
发 行 部	010-84083685
门 市 部	010-84029450
经　销	新华书店及其他书店

印刷装订	北京君升印刷有限公司
版　次	2018 年 6 月第 1 版
印　次	2019 年 8 月第 2 次印刷

开　本	710×1000　1/16
印　张	10.5
插　页	2
字　数	172 千字
定　价	75.00 元

凡购买中国社会科学出版社图书，如有质量问题请与本社营销中心联系调换
电话：010-84083683
版权所有　侵权必究

目　　录

第一章　绪论 …………………………………………………… (1)
　第一节　国内外研究现状概述 ……………………………… (1)
　　一　《天盛律令》文本的刊布与翻译 …………………… (1)
　　二　《天盛律令》的结构与内容 ………………………… (2)
　　三　有关《天盛律令》所反映的西夏社会生活的论述 … (2)
　第二节　《天盛律令》与西夏法制研究中存在的不足 …… (3)
　第三节　本课题的研究意义与方法 ………………………… (4)
　　一　本课题研究的主要内容 ……………………………… (4)
　　二　本课题研究的基本方法及创新之处 ………………… (5)
第二章　《天盛律令》与中华法系编纂体例与内容之异同 … (7)
　第一节　唐宋律的编纂体例及其流变 ……………………… (7)
　　一　唐代法律体系与《唐律疏议》的编纂体例 ………… (7)
　　二　宋代法律体系与《宋刑统》的编纂体例 …………… (11)
　　三　《庆元条法事类》的编纂体例 ……………………… (16)
　第二节　《天盛律令》与唐宋律编纂体例之异同 ………… (17)
　　一　《天盛律令》的书题 ………………………………… (17)
　　二　《天盛律令》的成书年代 …………………………… (21)
　　三　《天盛律令》的版本 ………………………………… (33)
　　四　《天盛律令》与唐宋律编纂体例之异同 …………… (34)
　第三节　《天盛律令》与唐宋律内容之比较 ……………… (39)
　　一　《天盛律令》与唐宋律内容异同之比较 …………… (39)
　　二　比较结果 ……………………………………………… (41)
第三章　西夏的刑罚与司法制度——与唐宋律为中心的比较研究 …… (42)
　第一节　西夏的刑种、罪名与刑罚 ………………………… (42)
　　一　西夏的刑种 …………………………………………… (42)
　　二　《律令》中的罪名 …………………………………… (48)

三　西夏的刑罚适用原则 …………………………………………（50）
　第二节　西夏的诉讼制度 ……………………………………………（55）
　　　一　审判组织 …………………………………………………（55）
　　　二　诉讼制度 …………………………………………………（58）
　　　三　拘传与囚禁 ………………………………………………（60）
　第三节　西夏的审判制度 ……………………………………………（63）
　　　一　审判管辖与审理期限 ……………………………………（63）
　　　二　证据查验与刑讯 …………………………………………（64）
　　　三　上诉与死刑复奏 …………………………………………（66）

第四章　《天盛律令》中的宗族 …………………………………………（68）
　第一节　宗族的范围 …………………………………………………（68）
　第二节　父权 …………………………………………………………（71）
　　　一　家长对子女及其他家庭成员的人身占有权 ……………（71）
　　　二　家长的财产权 ……………………………………………（74）
　　　三　宗长的权力 ………………………………………………（76）
　第三节　刑法与宗族主义 ……………………………………………（78）
　　　一　亲属间的侵犯 ……………………………………………（78）
　　　二　容隐 ………………………………………………………（87）
　　　三　缓刑与免刑 ………………………………………………（89）
　第四节　血亲复仇 ……………………………………………………（90）
　第五节　行政法与宗族主义 …………………………………………（92）

第五章　婚姻 ………………………………………………………………（94）
　第一节　婚姻的意义与禁忌 …………………………………………（94）
　　　一　婚姻的意义 ………………………………………………（94）
　　　二　族内婚 ……………………………………………………（94）
　　　三　姻亲 ………………………………………………………（95）
　　　四　娶亲属妻妾 ………………………………………………（96）
　第二节　婚姻的缔结 …………………………………………………（97）
　第三节　妻的地位 ……………………………………………………（98）
　第四节　夫家 …………………………………………………………（100）
　第五节　婚姻的解除 …………………………………………………（102）
　　　一　七出 ………………………………………………………（102）

目 录

　　二　义绝与协离 …………………………………………（102）
　第六节　妾媵 ……………………………………………………（103）
第六章　《天盛律令》中的社会阶层 …………………………（106）
　第一节　生活方式 ………………………………………………（106）
　　一　饮食 …………………………………………………（106）
　　二　服饰 …………………………………………………（108）
　　三　房屋 …………………………………………………（111）
　　四　车马 …………………………………………………（113）
　第二节　阶级内婚 ………………………………………………（115）
　　一　阶级内婚 ……………………………………………（115）
　　二　婚姻仪式的阶级性 …………………………………（117）
　第三节　丧葬 ……………………………………………………（119）
　第四节　祭祀 ……………………………………………………（124）
　第五节　贵族的法律特权 ………………………………………（125）
　　一　贵族与官僚的法律特权 ……………………………（125）
　　二　《律令》所见西夏贵族与官僚的法律特权 …………（128）
　　三　贵族与官吏家属的法律特权 ………………………（134）
　　四　《律令》所见西夏贵族与官吏家属的法律特权 ……（134）
　第六节　良贱之间法律上的不平等 ……………………………（135）
　　一　杀伤罪 ………………………………………………（135）
　　二　奸非罪 ………………………………………………（136）
　　三　主、奴之间 …………………………………………（137）
　第七节　《律令》所见种族间之不平等 …………………………（142）
第七章　《天盛律令》与儒家思想 ………………………………（144）
　第一节　尊君 ……………………………………………………（144）
　第二节　孝亲 ……………………………………………………（146）
　第三节　崇官 ……………………………………………………（147）
第八章　《天盛律令》中的巫蛊 …………………………………（150）
　第一节　神判 ……………………………………………………（150）
　第二节　巫蛊 ……………………………………………………（151）
结论 ……………………………………………………………（155）
主要征引文献 …………………………………………………（158）

第一章 绪论

第一节 国内外研究现状概述

学术界以西夏文《天盛改旧新定律令》①为切入点，研究西夏法制诸问题取得了丰硕成果，这些研究成果为更深入地研究西夏法制问题奠定了坚实基础。

一 《天盛律令》文本的刊布与翻译

《天盛改旧新定律令》是一部西夏文法典，1909年由科兹洛夫率领的俄国考察队在黑水城遗址掘得，现收藏在俄罗斯科学院东方研究所圣彼得堡分所写本部。2000年法律出版社出版了史金波、聂鸿音、白滨合译的《天盛改旧新定律令》。这个译本是目前《天盛律令》译本中内容最完备、学术水平最高的译本，被学界广泛采用，极大地推动了西夏学的研究。由于西夏文字极其繁难，译文未能尽如人意。②但正如克恰诺夫所说："这

---

① 为行文方便，以下凡提到《天盛改旧新定律令》者，全部简称为《天盛律令》或《律令》。
② 《天盛律令》最早著录见1932年《国立北平图书馆馆刊》第4卷第3号（西夏文专号），题为《天盛改良新定法令》、《天盛年变更定戒教》或《天盛年变新民制学》。关于《天盛律令》版式的详细描述见1963年经苏联东方文献出版社出版的戈尔巴乔娃、克恰诺夫合著的《西夏文写本与刊本》。目前《天盛律令》汉译本共三种。分别是1987年至1989年苏联科学出版社刊布《天盛律令》共四册，其中第二册乃克恰诺夫俄译本，由李仲三翻译、罗矛昆校订，1988年经宁夏人民出版社出版发行；1994年中国社会科学出版社刊布《中国珍稀法律典籍集成》甲编第五册《西夏天盛律令》，并附载史金波、聂鸿音、白滨汉译本；2000年法律出版社刊行史金波、聂鸿音、白滨翻译本《天盛改旧新定律令》。另，由俄罗斯科学院东方研究所圣彼得堡分所、中国社会科学院民族研究所、上海古籍出版社合编，1998年由上海古籍出版社刊布的《俄藏黑水城文献》，其中第八、第九两册为《天盛律令》西夏文文本，乃是迄今所见最完整的西夏文《天盛律令》，其中包含原未曾刊布的《名略》两卷、《亥年新法》残卷，以及新近识别的《天盛律令》刻本零页与抄本照片百余帧，是研究《天盛律令》的宝贵资料。

类典籍任何时候也不可能一译而就。需要一代、两代、三代学者,对它们二次、三次甚至十次翻译,每次都要仔细推敲原文,才能使译文臻于完善。"① 我们相信,随着西夏语文研究的深入,《天盛律令》的准确释译仍然具有逐步提升的学术空间,这当然要求西夏学界的学者们付出更艰辛的劳动。

二 《天盛律令》的结构与内容

汉译本一经推出,立即受到西夏学界的高度重视,相关的学术成果次第出现。王天顺先生主编的《西夏天盛律令研究》② 一书扼要地介绍了《律令》的基本内容,并从文献学角度初步探讨了《律令》的版本、体例、编撰方法及其文献价值,并对西夏法制问题有所涉猎,惜未能深入探讨。杜建录先生撰写的《天盛律令与西夏法制研究》③ 一书对西夏法制进行了全面、系统地研究,将《律令》条文与西夏特定的社会环境相结合而研究西夏法制问题是该书特点。认为《律令》对《唐律疏议》等中华法系既有继承又有发展,而在西夏法典与唐宋法典的比较研究方面杜先生则留有余地。邵方撰写的《西夏法制研究》④ 以西夏法律制度对中原法律的吸收、借鉴,以及西夏法律所体现出的民族特性为主线,论述了西夏法律对以唐律为代表的中华法系的传承与创新,但在研究方法上主要侧重于文本分析。有关《天盛律令》结构与内容方面的学术论文繁多,兹不列举,在讨论具体问题时再加引用,以免枝蔓。

三 有关《天盛律令》所反映的西夏社会生活的论述

20 世纪 90 年代至今,学界以《天盛律令》为主要资料,对西夏的历史文化与社会生活进行了广泛论述,成果丰硕,为节省篇幅,在此只能撮要介绍,挂一漏万,在所难免,对研究者的疏漏敬请海涵。史金波先生的《西夏的职官制度》⑤ 依据《律令》中的《司序行文门》等相关内容,深

---

① 李仲三译,罗矛昆校订:《西夏法典》,宁夏人民出版社 1988 年版。
② 王天顺主编:《西夏天盛律令研究》,甘肃文化出版社 1998 年版。
③ 杜建录:《天盛律令与西夏法制研究》,宁夏人民出版社 2005 年版。
④ 邵方:《西夏法制研究》,人民出版社 2009 年版。
⑤ 史金波:《西夏的职官制度》,《历史研究》1994 年第 2 期。

入探讨了西夏的职官制度。杜建录先生的《西夏仓库制度研究》①主要根据《律令》中的资料探讨了西夏仓库的管理制度，《论西夏宗族》论述了西夏宗族的分布、社会地位等问题。韩小忙先生的《试论西夏妇女的社会地位》②依据《律令》中的相关内容论述了西夏妇女的社会地位。王天顺先生的《天盛律令与西夏社会形态》③结合《律令》内容，论述了西夏社会形态与社会性质问题。

第二节　《天盛律令》与西夏法制研究中存在的不足

西夏法制研究方面存在的问题是：第一，《天盛律令》翻译的准确性有待进一步提高。西夏文献翻译的准确性直接影响着西夏社会法制问题以及其他学术问题的研究水准。加强西夏语文研究，与中华法系法律文献综合研究，准确地移译西夏法律文献的名词术语与法律条文乃当务之急。第二，学界对《天盛律令》的研究多采取横向研究，纵向研究明显不足。究其原因，资料不足影响了学者纵向研究的深度，但汉文、西夏文资料还有待更细致地爬梳。第三，在《天盛律令》与中华法系的比较研究中，学者侧重于将《律令》与《唐律疏议》、《宋刑统》在体例、内容方面做横向比对。然以唐律为例，除律之外，尚有令、格、式等法律形式。即就法律条文而言，也是随着社会生活的变迁而不断更改。以唐律为例，唐高祖武德元年（618）下诏以隋律为基础修撰唐律，武德七年（624）勒成奏上，同年四月颁布施行。自此至唐宪宗元和二年（807），180余年期间，不定期地修改达14次之多④。因此，将《天盛律令》与唐宋律比对时，不应局限在《唐律疏议》和《宋刑统》的范围内，应广泛搜检唐宋法律文献，在此基础上用长时段的纵向联系的眼光综合研究《天盛律令》与中华法系的异同。第四，深化综合研究的方法与内容。《天盛律令》与

---

① 杜建录：《西夏仓库制度研究》，《中国史研究》1998年第2期。
② 韩小忙：《试论西夏妇女的社会地位》，《中国史研究》1999年第1期。
③ 王天顺：《天盛律令与西夏社会形态》，《中国史研究》1999年第4期。
④ 刘俊文撰：《唐律疏议笺解》，中华书局1996年版，第27—29页。关于唐宋律的研究成果，已蔚为大观，为避免行文枝蔓，将在另外章节介绍，此不赘述。

中华法系的综合研究不限于比对法律条文，要在立法的基本精神、立法思想、法律的主要特征以及法律所着重维护的社会制度和社会秩序等方面做综合研究，从而探究西夏与中原王朝在社会结构、社会性质以及价值观念方面的异同。

第三节　本课题的研究意义与方法

一　本课题研究的主要内容

本课题主要讨论以下七个问题：

1. 《天盛律令》与中华法系编纂体例与内容之异同

《天盛律令》在编纂体例上既鲜明借鉴了唐宋律的编纂体例，又有所区别，通过《天盛律令》与唐宋时期的法律文献仔细比勘，寻求两者内容的一致性与差异性之所在，并探究其深层社会原因。

2. 《天盛律令》与中华法系刑事法律制度之异同

通过与中华法系中唐宋法律典制比较研究，探讨两者在法典体制、司法组织、司法程序、刑法以及罪名量刑中的重大变化，试图解释西夏法制的基本精神及其主要特征，并探讨此种精神与中华法系的差异。

3. 《天盛律令》中的宗族

西夏法典中虽然采用了家族伦理与父权原则，但中华法系中的家长权，在西夏法典中表现为宗族首领的权力。从宗族秩序与社会秩序的联系中，探讨家族本位政治、法律的理论基础为适应西夏社会而产生的衍化，以及宗族在西夏社会中的支柱作用。分析《天盛律令》中的亲属容隐制度、尊卑制度、荫庇制度、连坐制度等，探讨宗族主义对其行政方面的深刻影响。

4. 《天盛律令》中的婚姻

这一部分主要从婚姻的意义、禁忌、缔结、妻的地位、夫妻关系的解除以及妾的地位等层面对西夏法典和中华法系中有关婚姻问题的法律内容进行比较研究，探讨西夏法典与中华法系中关于婚姻问题的基本精神与原则的异同；并探讨西夏社会与唐宋社会妇女地位的异同。

5. 《天盛律令》中的社会阶层

这部分主要从生活方式、婚姻、丧葬、祭祀、贵族与官员的法律特权、良贱等层面切入，比较西夏法典与中华法系相关内容的异同，主旨在于揭示西夏社会与唐宋社会社会结构与性质的差异，揭示两者均贯彻、实践了贵贱与良贱的基本立法精神。

6.《天盛律令》与儒家思想

这部分主要探讨儒家思想影响西夏法制的原因。儒学思想特别是"礼学"思想对中国法律的意识形态支配是一个悠久传统，儒家思想渗入中华法系的整体架构之中，西夏统治者借鉴唐宋法律制定其民族法典时，很自然地继承了这部分遗产。

7.《天盛律令》中的巫术与宗教

这部分主要探讨西夏宗教法律制度与宗教思想之关系。唐宋法典中相关内容极简略，唐宋王朝虽崇尚佛道，但其文化主脉则是儒家文化，通过对比研究，揭示两者社会文化的相同性与差异性。

二 本课题研究的基本方法及创新之处

正是基于国内外学术界以《天盛律令》为中心的西夏法制问题研究现状，本课题试图在研究内容与研究方法方面有所创新。本课题的研究意义体现在：第一，课题以《天盛律令》为基本切入点，将西夏法制纳入中华法系的大系统中进行综合性学术研究，通过《天盛律令》与唐宋法典更广泛、更细致、更深入的对比研究，论述西夏法律制度对中华法系的继承与创新；揭示中原政治文化对周边少数民族政权政治文化的深刻影响，从而深化《天盛律令》研究的文化史意义。第二，法律不能被视作孤立存在，乃是社会生活的真实产物。作为社会制度、社会规范的主要组成部分，集中反映一定时期特定社会的社会结构。本课题力图突破文本主义的研究倾向，关注法律与社会之间的关系，运用社会史的研究方法，揭示西夏与唐宋社会结构、社会性质、价值观念上的异同。第三，本课题深入探讨中华法系本身就是历史时期融合了以汉民族为主体的各民族法律观念与法律原则的结晶，以《天盛律令》为核心的西夏法律制度是中华法系的有机组成部分。第四，本课题注重意识形态的研究。任何制度、法律都离不开潜隐其后的意识形态，课题主要探讨儒家思想是《天盛律令》的支配性思想，揭示以儒家文化为主体的华夏文化是中华民族多元一体格局的深厚背景，从文化史的角度挖掘西夏法典所蕴含的文化史意义。

课题的创新之处体现在：第一，将《天盛律令》纳入中华法系的他系统中综合研究。第二，从社会史的学术路径切入，不做零碎的法律条文的对比分析，着重揭示西夏法典的基本精神与主要特征。第三，注重法律文本产生的社会结构及社会性质与法律文本的密切关系。

第二章 《天盛律令》与中华法系编纂体例与内容之异同

第一节 唐宋律的编纂体例及其流变

如前所述，学界在论述《天盛律令》的编纂体例问题时，多采取与《唐律疏议》和《宋刑统》两部中华法典相比较的研究视角，并取得了丰硕成果。尽管共时性的比较研究视角具有不可替代的学术工具价值，但是，毋庸置疑，对一个问题进行历时性的观察也十分必要。如果比较研究只是静态地将《天盛律令》与《唐律疏议》、《宋刑统》相比勘，而忽略中唐、两宋时期国家法典修撰的历时性演变历程，足以导致以下两种弊端的出现：一是囿于成见，共时性地比较对象过于单一，致使比较研究的结论太过机械化、简单化、片面化；二是忽略了中唐以降中华法典修撰体例与法律体系的变化，特别是忽略编敕、条法事类修撰对《天盛律令》编纂结构的影响，观察视角的迟滞导致学术观点的静态化。因此，有必要将历时性与共时性的研究视角相结合，在此简要论述中唐以来中华法典修撰的衍化过程，期望对《天盛律令》编纂问题的观察更客观、更符合历史实际一些。

一 唐代法律体系与《唐律疏议》的编纂体例

中华法系自秦汉以来便形成了以律为核心，以令、科、格、式等法律形式为补充的完整法律体系。简略追溯其源，西晋时期，令与律已被区分界定而并轨方行，南北朝时期，格、式又先后出现，至隋开皇时期，终于形成律、令、格、式并行的国家法体系。律为定罪量刑的刑法典，令则是行政制度与政治规则，侧重于行政管理，而格、式则计出临时，乃是对律、令的有效补充。相比较而言，格是对律令具有补充意义的法典；式多从属于律、令，是为了实施律、令而制定的法规细则。

唐承隋制，法律体系相沿未改。然而，时移世易，政权迁播，除唐律尚存于世外，令、格、式等绝大部分早已亡佚，只有零星佚文残存，致使后世学者不能窥其全豹，殊为憾事。尽管如此，唐代法律体系尤其是唐律仍然是中华法系的集大成者，对唐宋以来中原封建王朝的法典制定产生了深远影响，并对辽、金等周边少数民族政权，以及日本、新罗、百济、高丽、安南、琉球等东南亚诸国的法律制定也影响甚巨。① 流风所及，西夏建国立制，制定法典，不能不受唐律影响。

唐律以武德开其端，贞观奠其基，开元集其成。高祖武德七年（624）制定《武德律》，律条多沿袭隋《开皇律》。唐太宗贞观时期又加修订，撰成《贞观律》，新律减轻、调整《开皇律》中的刑法，使之趋于合理，贞观十一年（637）颁行天下，奠定了唐律的基础。唐玄宗开元时期曾先后两次改律。开元六年（718）正月敕侍中宋璟等人删定律、令、格、式，开元七年（719）三月律成奏上，此即《开元律》，又称《开元七年律》。其事详见《旧唐书》卷50《刑法志》：

> （开元）六年玄宗又敕吏部侍郎兼侍中宋璟、中书侍郎苏颋、尚书左丞卢从愿、吏部侍郎裴漼、慕容珣、户部侍郎杨滔、中书舍人刘令植、大理司直高智静、幽州司功参军侯郢琳等九人，删定律令格式，至七年三月奏上。

开元二十二年（734）又诏令中书令李林甫等删辑律令格式，至开元二十五年（737）九月毕其功，奏上颁行，习称《开元二十五年律》。事亦见《旧唐书》卷50《刑法志》：

> （开元）二十二年，户部尚书李林甫又受诏改修格令。林甫迁中书令，乃与侍中牛仙客、御史中丞王敬从，与明法之官前左武卫胄曹

---

① 关于汉魏以来法律流变以及唐律的形成，可参阅陈寅恪《隋唐制度渊源略论稿》，生活·读书·新知三联书店2001年版，第111—127页；刘俊文撰《唐律疏议笺解》，中华书局1996年版，第1—92页；刘俊文《敦煌吐鲁番唐代法制文书考释》，中华书局1989年版；戴炎辉《唐律通论》，正中书局1972年版。关于唐律对中古东南亚各国法律创建的影响，可参阅杨鸿烈《中国法律在东南亚诸国之影响》，中国政法大学出版社1997年版，第417页。

第二章 《天盛律令》与中华法系编纂体例与内容之异同

参军崔见、卫州司户参军直中书陈承信、酸枣尉直邢部俞元杞等，共加删缉旧格式律令及敕，总七千二十六条。其一千三百二十四条于事非要，并删之。二千一百八十条随文损益，三千五百九十四条仍旧不改，总成律十二卷，《律疏》三十卷，《令》三十卷，《式》二十卷，《开元新格》十卷。又撰《格式律令事类》四十卷，以类相从，便于省览。二十五年九月奏上，敕于尚书都省写五十本，发使散于天下。①

开元改律，特别是第二次改律，对律文进行了全面整理，律的内容与文字都可能有一定程度的修订。职此之故，《开元律》奠定了唐代以律为主，令、格、式、敕为辅，诸体并行，又互为表里的国家法律体系，在唐律的发展史上具有集大成的意义。开元二十五年后，仍有数次调整，但多限于律条个别字词上的改动，而法律内容并无根本性变更，故均不足道。然而，今日学界所见主要是律及律疏，令、格、式、敕等法律文书多已散佚，后世不能窥唐律全豹。②值得注意的是"又撰《格式律令事类》四十卷，以类相从，便于省览"，正是宋代事类体法典制定的滥觞，也可以说是西夏《天盛律令》修撰仿制的源头。③

唐律结构极为严整。今本唐律凡502条，分属12篇。其次第为：一《名例》，二《卫禁》，三《职制》，四《户婚》，五《厩库》，六《擅兴》，七《贼盗》，八《斗讼》，九《诈伪》，十《杂律》，十一《捕亡》，十二《断狱》。唐律篇目设置、前后顺序及其内容具有严密的逻辑性。如将唐律12篇按其内容予以归类，可分为总则、事律、罪律、专则四个

---

① （后晋）刘昫等撰：《旧唐书》卷50《刑法志》，中华书局1975年版，第2150页。
② 关于唐令的研究，参见［日］池田温《关于唐代律令的继承》，载《日本思想大系月报》，1976年版，第55页；荣新江、史睿《俄藏敦煌写本〈唐令〉（Д X.3558）考释》，《敦煌学辑刊》1999年第1期；戴建国《天一阁藏明抄本〈官品令〉考》，《历史研究》1999年第3期；中国社会科学院历史研究所天圣令整理课题组《天一阁藏明钞本天圣令校正》，中华书局2006年版；［日］仁井田陞《唐令拾遗》，栗劲等编译，长春出版社1989年版；［日］仁井田陞著，池田温等编《唐令拾遗补》，东京大学出版社1997年版；郑显文《唐代律令制研究》，北京大学出版社2004年版；（宋）宋敏求《唐大诏令集》，中华书局2008年版；（宋）王溥撰《唐会要》，中华书局1955年版。
③ 李华瑞指出了这一点，参见《〈天盛律令〉修撰新探——〈天盛律令〉与〈庆元条法事类〉比较研究之一》，《西夏学》2013年第9期。

部分。

《名例》（57条）"命诸篇之刑名，比诸篇之法例"①，是唐律的总则部分，主要规定全部法律通用的刑名与法例。具体内容包括：规定五刑的刑名与等级；十恶的罪名与罚则；各类社会身份人的处罚特例；老、小、疾病者的责任能力；刑法适用原则；流移的执行与赃物的征没；律条的适用与解释；法律用语的定义等几方面。

《卫禁》（33条）、《职制》（59条）、《户婚》（46条）、《厩库》（28条）、《擅兴》（24条）五篇含律条凡190条，属于唐律的"事律"部分。具体来讲，《卫禁》律规定有关违反国家警卫与关津制度的处罚，具体指违反宫廷禁制、宫廷警卫制度、关津禁制、边防戍卫制度的处罚。《职制》律规定关于官员犯罪的处罚，具体包括官员失职、违纪、擅权、背礼、贪污等职务犯罪的处罚。《户婚》律规定违反国家有关户口婚姻制度的处罚，包括违反户籍管理、土地管理、赋役管理、婚姻管理、财产继承管理制度的处罚。《厩库》律规定国家有关畜牧和仓库制度的处罚，具体包括违反畜牧管理、杀伤畜产、仓库保管、官物输用制度的处罚。《擅兴》律规定违反国家和营造制度的处罚，包括违反兵役征发、军事指挥、兵器保管、战场纪律、工程兴造、工匠役使制度等的处罚。

《贼盗》律（54条）、《斗讼》律（60条）、《诈伪》律（27条）、《杂律》（62条）、《捕亡》（18篇），共有律条221条，主要规定各种刑事犯罪的法律处罚，属于唐律中的罪律。其中《贼盗》律规定"贼杀"与"盗劫"两类刑事犯罪的处罚。包括关于颠覆国家、煽动叛乱、蛊毒厌魅、杀人放火、盗窃抢劫、掘墓毁尸、拐卖人口、侵犯住宅等罪行的处罚。《斗讼》律规定"斗殴"与"告讼"两类刑事犯罪的处罚。包括殴詈、斗殴、非故意伤害、诬告、匿告、违律告诉等罪行的处罚。《诈伪》律规定"诈冒"与"伪造"两类刑事犯罪的处罚。具体包括对诈骗、假冒、伪造、伪证等罪行的处罚。《杂律》规定各种"杂犯"罪的处罚。具体包括对奸非、赌博、失火、私铸钱币、非法借贷、侵犯公益、损官肥私、医疗事故、损毁堤防、妨碍交通、危害公共安全、欺行霸市、售卖假冒伪劣商品、损毁官私财物、隐没拾得物品等罪行的处罚。《捕亡》律规定"捕系"与"逃亡"两类刑事犯罪的处罚。具体包括对失捕罪、拒捕、

---

① 刘俊文：《唐律疏议》卷1《名例》，中华书局1996年版，第2页。

擅捕、逃亡、浮浪、匿亡等刑事犯罪的处罚。

《断狱》律规定司法审判制度以及相关罚则，属于唐律的专则部分。具体内容指监禁制度、审讯制度、判决制度、执行制度以及违反以上制度的罚则。

另外，唐律以律文为条目，疏议是对律文的法律解释，与律文具有同等法律效力，是唐律不可分割的有机组成部分。这种律疏相结合的法律文本乃是受中国经传学术范式与学术文本影响的结果，并对后世封建国家法律文本的制定产生了深远影响。

总之，唐律以总则统摄诸篇，继之以事律，随之以罪律，而以专则殿其后，是一部体例严整、结构分明的综合性封建法典，体现了唐律立法技术的高水准。总则明确揭橥唐律的基本目的和精神在于维护以等级制与家长制为核心的社会制度与社会秩序，体现了唐律通过强化等级层次从而维系社会结构的功能，这是唐律法律体系的支柱。先列事律后列罪律的结构，表明唐律从法律层面强化封建国家的行政管理地位，强调中央集权的政治秩序是社会秩序的核心，这和隋唐时期皇权回归、统一国家重建的历史进程完全一致，是魏晋隋唐时期社会变化在法律层面的固化反映。

二 宋代法律体系与《宋刑统》的编纂体例

安史之乱后，唐代政治、经济、社会、文化方面的变化，无不与唐代前期律令制的瓦解息息相关。官僚系统以律令为工具实施行政管理，律令格式就是这套行政制度的条文化表现。律令制的崩毁以及中央集权统治秩序的解体，致使中央政府无法用旧的法律体系应对唐中叶以来波谲云诡、变化多端的时局。必须审时度势、随机应变地以编纂"格后敕"和"刑律统类"填补律令格式行政制度条文化被破坏后的空缺，这是唐宋转型期在立法层面的重要转折。

宋代国家法体系主要由律、令、格、式、敕、例等法律形式组成。这种体系与结构正是在上述社会转型的背景之下，经过唐中叶、五代立法实践不断变化的结果。同安史之乱前的唐律体系及其编纂体例相比较，其突出的变化体现在以下几个方面。

第一，《宋刑统》作为王朝法典具有其独具特色的体例，是对《唐律疏议》的继承与创新。

学界曾有《宋刑统》是唐律翻版的说法，此说失之武断，已被更为缜密、深入的研究工作予以纠正。但不可否认，中国历代典章律例前后相延、自成一系的传统，尤其是《唐律疏议》在中华法系中牢固的范式地位，使《宋刑统》"贯彼旧章"的倾向十分鲜明，其主体结构仍然是《唐律疏议》的 12 篇 502 条及疏议，编纂体例上基本继承了唐律架构。《宋刑统》作为一代之重典，其法律权威与功能终天水一朝而不改。"神宗以律不足以周事情，凡律所不载者一断以敕，乃更其目曰敕、令、格、式，而律恒存乎敕之外。"① 这一举措尽管提高了"敕"的法律地位，但也明确规定敕必须是在律所不载的前提下代替它的法律功能。《宋刑统》为宋代法律体系核心的事实无须辩驳。总之，《宋刑统》在编纂体例上继承了《唐律疏议》的主体架构，在司法实践中仍然是宋代法律体系的核心，这是毋庸置疑的。

当然，《宋刑统》在法律编纂方面有其独具特色的创新与变化，变化反映了唐中叶以来社会生活、法律制度及其实践的转变，其变化源流可上溯至唐朝后期，甚至开元时期。唐宣宗大中七年（853）编《大中刑律统类》12 卷，是唐代第一次以刑律分类编纂的格敕，是唐后期的主要法典，新、旧《唐书》均有记载，但对该书编纂体例却语焉不详。② 《唐会要》清楚地说明了《大中刑律统类》以律为主，分门统类，融律、疏、格、式、敕为一体的综合性法典的编纂体例。③ 《唐会要》卷 39《定格令》："大中五年四月，刑部侍郎刘瑑等奉敕修《大中刑法统类》六十卷，起贞观二年六月二十八日，至大中五年四月十三日，凡二百二十四年杂敕，都计六百四十六门，二千一百六十五条。至大中七年五月，左卫率府仓曹参军张戣编集律令格式条件相类者一千二百五十条，分为一百二十一门，号

---

① （元）脱脱等撰：《宋史》卷 199《刑法》一，中华书局 1985 年版，第 4963 页。
② （宋）欧阳修：《新唐书》卷 58《艺文志》二，简明记载："张戣《大中刑律统类》十二卷。"中华书局 1975 年版，第 1497 页。《新唐书》卷 56《刑法志》："宣宗时，左卫率府仓曹参军张戣以刑律分类为门，而附以格敕，为《大中刑律统类》，诏刑部颁行之。"中华书局 1975 年版，第 1414 页。《旧唐书》卷 50《刑法志》："（大中）七年五月，左卫率府仓曹参军张戣进《大中刑律统类》十二卷，敕刑部详定奏行之。"中华书局 1975 年版，第 2156 页。
③ 《唐会要》将张戣《大中刑律统类》与刘瑑所编《大中刑法统类》混为一谈。其实刘瑑曾纂《大中刑法总要格后敕》60 卷。这两书《新唐书》卷 58《艺文志》均有著录。详见（宋）欧阳修《新唐书》卷 58《艺文志》二，中华书局 1975 年版，第 1497 页。

曰《刑法统类》，上之。"① 后唐庄宗同光二年制定《同光刑律统类》13卷。② 后周世宗显德五年制定《大周刑统》（又称《显德刑统》）。《旧五代史》卷147《刑法志》对其编纂过程与编纂义例有详细记载，从中可见与前举大中、同光刑统之间的承递关系。为便于说明问题，现将《旧五代史》卷147《刑法志》中的相关记述胪列如下：

  （周世宗显德）五年七月，中书门下奏："侍御史知杂事张湜等九人，奉诏编集刑书，悉有条贯，兵部尚书张昭等一十人，参详旨要，更加损益。臣（范）质、臣（王）溥据文评议，备见精审。其所编集者，用律为主。辞旨之有难解者，释以疏意。义理之有易了者，略其疏文。式令之有附近者次之，格敕之有废置者又次之。事有不便于今、该说未尽者，别立新条于本条之下。其有文理深古、虑人疑惑者，别以朱字训释。至于朝廷之禁令，州县之常科，各以类分，悉令编附。所冀发函展卷，纲目无遗，究本讨源，刑政咸在。其所编集，勒成一部，别有目录，凡二十一卷。刑名之要，尽统于兹，目之为《大周刑统》，欲请颁行天下，与律疏令式通行。其《刑法统类》、《开成格》、编敕等，采掇既尽，不在法司行使之限，自来有宣命指挥公事及三司临时条法，州县见今施行，不在编集之数。应该京百司公事，逐司各有见行条件，望令本司删集，送中书门下详议闻奏。"③

  综上所述，唐五代时期，国家法典在编纂体例方面出现了巨大变化。刘瑑《大中刑法统类》只是将自贞观二年至大中五年二百余年的杂敕分门别类，编纂成书，而张戣《大中刑律统类》则是将律令格式敕令等分类编纂而又熔铸为一新体例，是比较完善的事类体例法典，实为后世此类法典编纂体例的滥觞。《同光刑律统类》《大周刑统》等国家法典相继编纂，逐步完善、固化了事类型综合性国家法典的编纂体例。这种开创于后唐、在后周时期得到进一步完善的综合性法典的编纂体例，充分反映了唐

---

① （宋）王溥：《唐会要》卷39《定格令》，中华书局1955年版，第705页。
② （宋）薛居正等：《旧五代史》卷147《刑法志》，中华书局1975年版，第1963页。
③ 同上书，第1965页。

中叶以来封建法典编纂体例的转变，对《宋刑统》的制定奠定了法律编纂学层面的基础。

北宋建立伊始，为结束五代离乱、稳定社会秩序，力求废除苛细，宽简刑罚，收拾民心。然而，宋初除了沿用唐代律令格式外，"……后唐《同光刑律统类》、《清泰编敕》、《天福编敕》，周《广顺类敕》、《显德刑统》，皆参用焉"。但科条浩繁，律意有难究明者，时人已觉不能适用。建隆四年二月工部尚书判大理寺窦仪建议重新编订律典。宋太祖命窦仪与权大理寺少卿苏晓、大理正奚屿等在后周刑统的基础上参酌更定，于建隆四年八月制定《建隆重详定刑统》（后世简称《宋刑统》），共12篇，502条。宋太祖诏令颁行天下，以为永式。① 《宋刑统》的制定，改变了宋初律条浩繁、刑政紊乱、法令不一的现象，稳定了政局，收拾了人心，为结束五代离乱、建立稳定的社会秩序产生了积极意义。

第二，《宋刑统》在编纂体例上的具体变化，主要表现为分门统类、附列敕令格式、增创"起请"、补"律疏"之未备、首创综合性法规之门等诸方面。②

（1）篇内分门，以门统类。《宋刑统》篇目与《唐律》相同，在篇目内有分为213门，将同类或性质相近的法律条文归结于一门、标明其门类，这是继承了《大中刑律统类》的分类办法而更进一步规制化的结果，为司法机构翻检相关法律提供了便利，这是《唐律》所不具备的。

（2）以刑统命名律典。即汇集刑事法规以门统类编纂，附系于律条之后形成一部综合性法典。这是唐宋在一代大法命名方面的变化。

（3）以律为主，附列格、式、令、敕。唐末以来，刑律统类的编纂以刑律为主，而将其他有关刑事性质的格、式、令、敕附于律后，一并编入。《宋刑统》在抄录《唐律疏议》全文的基础上，将唐开元二年（714）至宋建隆三年（962）与刑法相关的格、式、令、敕177条分门别类，系于律后，以便更进一步解释律文与律疏，及时反映了宋初法律的新变化。

---

① （宋）王应麟撰：《玉海》卷66《建隆新定刑统》，江苏古籍出版社1987年版，第1253页。

② 郭东旭：《宋代法治研究》，河北大学出版社2000年版，第22页。

（4）首创综合性法规之专门。《宋刑统》编纂时将唐律中的"余条准此"从格律条中移录汇集，总为一门，共44条，附在名例之后，称为"一部律内余条准此条"。对准确地拣选法条，避免贻误，不无裨益。

另外，《宋刑统》还增创"起请"之条，主要是编纂者对律文或所附格、式、令、敕内容变化所做的解释；编纂者对《宋刑统·名例律》之《杂条门》中的20条疏议增添了新内容，作了新补充，说明《宋刑统》也增进了对律疏的解释。

第三，编敕地位的逐步提升与法典化。

唐宣宗大中五年刑部侍郎刘瑑奉敕修《大中刑法总要格后敕》60卷，从此"敕"的法典形式在当时社会逐渐常态化、法典化。因其灵活的调适功能优于已经固化的律，"敕"更符合统治的需要而逐步成为重要的法律形式，并导致律令格式的传统法典体系产生了变化，也就是说"敕"具有与律令格式同样的法律地位，编敕与编纂刑统成为唐中叶、两宋法律编纂的主要方式。据学者研究，两宋编敕达19部之多，于此可见一斑。①

《宋刑统》内容本于《唐律疏议》，"律条所列，从首至尾，初无异文"，只"疏议小有不符"②，其象征意义远大于实用性。自建隆时纂定，作为祖宗成法，历两宋三百余年，恪守不改，直至宋亡。③ 当然，刑统律文滞后于社会生活的变化也是不争的事实，而敕因其灵活性正好补正了刑统的缺点。两宋的立法活动和法典修纂主要以编敕为主，在司法实践中的重要性早已超越了《宋刑统》。

综上所述，《唐律疏议》与《宋刑统》虽然在内容上并无本质性改变，但编纂体例已经有很显著的变化，事类型的综合法典在日常司法实践中更具重要意义。"敕"逐渐具有与《宋刑统》等同的法律地位，在司法实践中更具灵活性、适时性、实用性。因此，研究《天盛律令》的编纂体例、内容等问题，如果想要得出符合实际的较为正确的结论，比较研究的范围应更为宽泛，不能仅限于将《天盛律令》与《唐律疏议》、《宋刑

---

① 详细内容参见孔学、李乐民《宋代全国性综合编敕纂修考》，《河南大学学报》（哲学社会科学版）1998年第4期。

② 刘承干：《重详定刑统校勘记》，载《宋刑统》，中华书局1984年版，第549页。

③ 戴建国：《唐宋变革时期的法律与社会》，上海古籍出版社2010年版，第41页。

三 《庆元条法事类》的编纂体例

两宋编敕虽卷帙浩繁，但鲜有流传至今者，可资比较者唯有残本《庆元条法事类》。现就《庆元条法事类》编纂体例撮要说明，以便比较研究。

《庆元条法事类》又称《嘉泰条法事类》，南宋谢深甫提举编纂。南宋孝宗时又在编敕之外编纂条法事类，以防士大夫因不习法律被胥吏欺诈。元代佚名氏《宋史全文》中的一段记载很生动地说明了这种情况，为便于说明问题，现撮钞如下：

> （孝宗）淳熙六年（1179）（二月）癸卯，进呈《淳熙海行新法》。上曰："朕欲将见行条法令敕令所分门编类，如律与刑统、敕令格式及续降指挥，每事皆聚载于一处，开卷则尽见之，庶使胥吏不得舞文。"赵雄等奏："士大夫少有精于法者，临时检阅，多为吏辈所欺。今若分门编类，则遇事悉见，吏不能欺。陛下智周万物，俯念及此，创为一书，所补非小。"乃诏敕令所将见行敕、令、格、式、申明，体仿《吏部七司条法宗类》，随事分门修纂，别为一书。若数事共条，即随门厘入，仍冠以《淳熙条法事类》为名。①

据王应麟《玉海》记载，《淳熙条法事类》420卷，《目录》2卷，为总门三十三，别门四百二十②。这是法律、法规编纂的新体例，是中华法系法典编纂的重大变革，《宋史》称"前此法令之所未有也"③。

> （庆元）二年二月丙辰复置编修敕令所，遂抄录干道五年正月以来至庆元二年十二月终续降指挥，得数万事。参酌淳熙旧法五千八百

---

① （元）佚名氏著，李之亮点校：《宋史全文》卷26下，"淳熙六年二月癸卯"条，黑龙江人民出版社2005年版，第1834页。

② （宋）王应麟：《玉海》卷66《淳熙条法事类·条法枢要》，江苏古籍出版社1987年版，第1263b页。《宋会要辑稿》刑法一之五三有类似记载，但未提总门及别门数目。参见（清）徐松辑《宋会要辑稿》刑法一之五三，中华书局1957年版，第6486a页。

③ （元）脱脱：《宋史》卷199《刑法志》一，中华书局1975年版，第4966页。

第二章 《天盛律令》与中华法系编纂体例与内容之异同　　17

条，删修为书，总七百二册。《敕令格式》及目录各百二十二卷，申明十二卷，看详四百三十五册，（小字补注："《会要》云二百六十六卷，《书目》云二百五十六卷。"）（庆元）四年九月丙申（小字：十一日）上之。嘉泰二年八月二十三日上《庆元条法事类》四百三十七卷，《书目》云八十卷。（庆元）元年诏编是书。①

以上材料简要说明了《庆元条法事类》的编纂源流及体例。就其内容而言，则源自北宋。《庆元条法事类》是将《庆元敕令格式》及《申明》以事目为经，分门别类，重新编纂而成。《庆元敕令格式》则是参照五千八百余条的《淳熙敕令格式》。据日本学者川村康统计，现存残本《庆元条法事类》有敕 887 条，令 1781 条，格 96 条，式 124 条，申明 260 条，共计 3166 条（不含重复的条文）。原书 437 别门，现存 188 别门，仅占原书 43%。②

总之，自唐中叶以迄两宋，中华法系之法典发生了一系列变化，概略言之，主要体现在以下几个方面：

第一，令、格、式、敕、例、申明等逐渐发展为具有与律等同的法律效力，形成了律、令、格、式、敕、例、申明组成的法典体系。

第二，在编纂体例上的变化则表现为将律、令、格、式、敕、例、申明等分门类编，熔铸为一体，形成综合性法典。

第三，法典名称方面，以"刑统"代替"律"，而以"条法事类"为名编纂的法典更具适时性、灵活性、实用性。

第二节　《天盛律令》与唐宋律编纂体例之异同

一　《天盛律令》的书题

黑水城发现的西夏文法律文书《𘟙𗧘𗔇𗹬𗰜𗼃𗗚𗫉》，其西夏文

---

① （宋）王应麟：《玉海》卷 66《庆元重修事类格式·条法事类》，江苏古籍出版社 1987 年版，第 1264a 页。
② ［日］川村康：《〈庆元条法事类〉及宋代的法典》，载［日］滋贺秀三编《中国法制史基本资料的研究》，东京大学出版会 1993 年版。揭葵戴建国点校《庆元条法事类》，黑龙江人民出版社 2002 年版，第 2 页。

书题学者先后译作《天盛改良新定法令》、《天盛年变更定戒教》、《天盛年变新民制学》以及《天盛改旧新定律令》等，简称《天盛律令》。① 学界一致认为西夏文书题中"𗼃𗼕"（天盛）二字乃西夏仁宗年号（1149—1169），成为《律令》颁布于天盛时期的主要依据，更有学者依此精确提出《律令》成书于天盛二年（1150）。以帝王年号题名王朝法典确为我国历史时期惯例，而用以题名的帝王年号则明确揭示了王朝法典制定的历史时段。如隋《开皇律》、唐《永徽律》、金《皇统新制》等，学者们正是依据此惯例推定《律令》制定于西夏仁宗天盛时期，似乎顺理成章，毋庸置疑。

但需要指出的是，以帝王年号题名王朝法典的做法通常不具即时性，而是后人追称前朝法典的惯例。这一惯例肇自后世书史追称《晋律》为《泰始律》。② 晋武帝命贾充等损益汉魏律以成新律，泰始三年（267）撰毕，泰始四年（268）正月颁布，时人称之为"新律"，而非《泰始律》，《泰始律》乃后世史家追题晋律之书题。③《隋书·经籍志》未著录《晋律》，但著录了魏晋南北朝时期的法典如《梁律》《后魏律》《北齐律》《陈律》《周律》等，均以朝代命名。以帝王年号命名者仅《周大统式》、《隋大业律》、《隋开皇令》以及《隋大业令》等法典。④

《旧唐书·经籍志》《新唐书·艺文志》基本以帝王年号题名隋唐时期的王朝法典，并为后世所效仿，遂成惯例。为便于说明问题，现将

---

① 这批西夏文法律文书国内最早著录于1932年《国立北平图书馆馆刊》第4卷第3号（西夏文专号），题为《天盛改良新定法令》、《天盛年变更定戒教》或《天盛年变新民制学》。关于其版式的详细描述见1963年经苏联东方文献出版社出版的戈尔巴乔娃、克恰诺夫合著的《西夏文写本与刊本》。目前《天盛律令》汉译本共三种。分别是1987年至1989年苏联科学出版社刊布《天盛律令》共四册，其中第二册乃克恰诺夫俄译本，由李仲三翻译，罗矛昆校订，1988年经宁夏人民出版社出版发行，题名《天盛年改旧定新律令》；1994年中国社会科学出版社刊布《中国珍稀法律典籍集成》甲编第五册《西夏天盛律令》，其中包括史金波、聂鸿音、白滨汉译本；2000年法律出版社刊行史金波、聂鸿音、白滨翻译本，题名《天盛改旧新定律令》。
② 程树德：《九朝律考》卷3，中华书局1963年版，第232页。
③ （唐）房玄龄等撰：《晋书》卷30《刑法志》，中华书局1974年版，第928页。
④ （唐）魏征等撰：《隋书》卷33《经籍志》，中华书局1973年版，第972页。《周大统式》源于西魏文帝大统十年（544）制定的《西魏大统式》，北周不存在大统年号，当是继承了《西魏大统式》。说见程树德《九朝律考》卷7，中华书局1963年版，第416页。

《旧唐书·经籍志》中以帝王年号题名的王朝法典撮钞如下：

……

《隋大业律》18 卷

《隋开皇令》37 卷，裴正等撰

……

《武德令》31 卷，裴寂等撰

《贞观格》18 卷，房玄龄撰

《永徽散行天下格中本》7 卷

《永徽留本司行中本》18 卷，源直心等撰

《永徽令》30 卷

《永徽留本司行格后本》11 卷，刘仁轨等撰

《永徽成式》14 卷

《永徽散颁天下格》7 卷

《永徽留本司行格》18 卷，长孙无忌撰

《永徽中式本》4 卷

《垂拱式》20 卷

《垂拱格》2 卷

《垂拱留司格》6 卷，裴居道撰

……

《开元前格》10 卷，姚崇等撰

《开元后格》9 卷，宋璟等撰

……

《旧唐书·经籍志》著录历代法典 51 部，其中以帝王年号题名者凡 19 部，《新唐书·艺文志》著录法典 61 部，与《旧唐书·经籍志》所著录者略有出入，其中以帝王年号题名者凡 19 部，但两书相较，以帝王年号题名的王朝法典均占全部著录法典的三分之一。[①] 可见以帝王年号追题

[①]（后晋）刘昫等撰：《旧唐书》卷 46《经籍志上》，中华书局 1975 年版，第 2009—2011 页；（宋）欧阳修、宋祁撰：《新唐书》卷 58《艺文志》二，中华书局 1975 年版，第 1493—1497 页。

王朝法典的现象在唐宋时期已十分普遍。更重要的是这一现象揭示了一个毋庸置疑的事实，即用以命名王朝法典的帝王年号能明确界定该法典制定、颁行的具体历史时段。

因此，西夏法典书题中的"𘓺𘃸"（天盛）年号当是后人用以追题天盛时期制定的王朝法典，进而可以断定《𘓺𘃸𘌗𘆡𘊲𘟀𘅣𘃸》曾制定于天盛时期，但并不能确指该律制定于天盛何年。此问题留待后论，暂按不表。

《律令》书题深受中原法律文化的影响。《律令》西夏文书题为《𘓺𘃸𘌗𘆡𘊲𘟀𘅣𘃸》。其中"𘓺𘃸"二字为仁孝天盛年号，如前所述，学界没有异议。西夏文"𘌗𘆡𘊲𘟀"四字义项分别如下："𘌗"有3个义项：（1）旧，日期已过之谓；（2）补纳；（3）曰。"𘆡"有3个义项：（1）变、换、易、改，互换接续；（2）终、脱；（3）罢。"𘊲"有1个义项：新，新者此刻为崭新之谓也。"𘟀"有3个义项：（1）安定；（2）禅定；（3）入定。学者将西夏文"𘌗𘆡𘊲𘟀"四字意译为"改良新定"、"变更定"、"变新"、"改旧定新"以及"改旧新定"等，根据以上所列这四个西夏文的义项，其含义并无本质差异，也符合西夏文"𘌗𘆡𘊲𘟀"的基本含义，但就王朝法典的书题而言，似有词不达意之嫌。仔细爬梳《新唐书·艺文志》与《宋史·艺文志》所著录刑书目录，其中《元和删定制敕》《删垂拱式》《重修开封府熙宁编》《绍兴重修在京通用敕令格式申明》等法典的书题深堪玩味，予作者启示良多。其中《删垂拱式》文义扞格，根据前后文推断，"删"字下当脱"定"字，应为《删定垂拱式》。① 其实《律令》中的西夏文"𘌗𘆡𘊲𘟀"四字文义与唐宋王朝法典书题中的"删定""重修"语义极为契合。下面再看《律令》西夏文题名中"𘅣𘃸"二字的义项。西夏文"𘅣"的义项为：

---

① 《新唐书》卷58《艺文志》二，《散颁格》下小字："中书令韦安石、礼部尚书同中书门下三品祝钦明、尚书右丞苏瓌、兵部郎中狄光嗣等删定，神龙元年上。"《太极格》下小字："……刑部主事阎义颛等删定，太极元年上。"《开元前格》下小字："……阎义颛等奉召删定，开元三年上。"可见，成文法典由相关部门的专员删定编次，然后下诏颁布天下，成为程式。揆诸以上例证，《删垂拱式》应为《删定垂拱式》。参见（宋）欧阳修、宋祁撰《新唐书》卷58《艺文志》二，中华书局1975年版，第1496—1497页；（元）脱脱《宋史》卷204《艺文志》三，中华书局1975年版，第5144页。

（1）戒，指戒律、戒令；（2）律，律令；（3）法；（4）贯。"骰"的义项为：（1）教习、学习；（2）令；（3）化。可堪注意者，一是这两个西夏文字有重合义项，"絞"字的第二、第三义项与"骰"字的第二义项意思相同，都有"律"的含义；二是"絞骰"二字的含有多重义项；三是"絞"字中的"贯"的义项，值得重视，在汉语里"贯"有"统"、"条"的词义。考虑到《律令》与《庆元条法事类》一样，熔铸律令格式敕于一炉，从而形成不同于《唐律疏议》、《宋刑统》以律为其主要内容的特点，按照字面意义将其译为"律令"也许并不准确，将"絞骰"意译为"律统"也未尝不可。因此，根据西夏文书题中每个西夏文的已知词义，并结合律令制定的背景与基本内容，以及西夏借鉴中华法系制定王朝法典的事实，将书题拟定为《重修天盛律统》，敬请大方之家指教。

二　《天盛律令》的成书年代

《律令》及其《颁律表》均未明确揭示修纂时间，致使学界对其成书年代有不同认识。[①] 今见《律令》各种刻本、写本，具有时间意义的线索只有《律令》题名中西夏文"天盛"二字，因此，要确定《律令》编纂的年代，还需要仔细爬梳汉文、西夏文资料，寻找隐含其中的蛛丝马迹，以期得到比较符合历史实际的结论。

今日所见《律令》是一部综合性法典，卷帙浩繁，内容庞杂，绝非一时创制，必有所本。而西夏制定王朝法典始于何时，却史无明文。笔者认为应将此问题置于西夏社会封建化的历史进程中予以考察，庶几能得出切近历史实际的结论。党项自贞观元年（627）归附唐朝，唐于松州（今四川、甘肃、青海三省邻接地区）设羁縻州郡予以安置，后迫于吐蕃压力，移置于庆州（今甘肃庆阳地区）。安史之乱后，因中央对地方控制力日趋衰微，代宗时（762—779）党项部已散居盐、灵（今

---

① 史金波等学者认为《天盛律令》成书于天盛初年，说见史金波、聂鸿音、白滨译注《天盛改旧新定律令》，法律出版社 2000 年版，第 3 页；杜建录认为其成书年代可确定为天盛二年（1150），说见杜建录《〈天盛律令〉与西夏法制研究》，宁夏人民出版社 2005 年版，第 27 页；刘菊湘、王天顺等认为《律令》成书于乾祐（1170—1193）早期，不晚于 1182 年，说见刘菊湘《关于〈天盛律令〉的成书年代》，载《固原师专学报》1998 年第 4 期，另见王天顺主编《西夏天盛律令研究》，甘肃文化出版社 1998 年版，第 9 页。

宁夏盐池县、灵武县），朝廷为了拆散其与吐蕃的联结，将其迁置于银、夏、绥、延等地（今陕北地区）。公元873年，党项豪酋拓跋思恭占据宥州（今陕西靖边县东），自称刺史，并于公元881年率军参与镇压黄巾起义，唐僖宗因其战功，赐姓，封夏国公，升任夏州刺史，辖银、夏、绥、宥四州之地，自此成为一割据政权。五代时期，李氏夏州政权以"臣属"之名保独立之实。公元982年，因部族内讧以及北宋削弱地方割据势力的压力，李继捧献出银、夏、绥、宥四州八县。但其族弟李继迁坚持银、夏、绥、宥为李氏故土，利用李氏在陕北、鄂尔多斯地区深厚的政治威信及统治基础，联合党项诸部反宋，公元997年宋任命继迁为定难军节度使，又取得了银、夏、绥、宥的统治权。公元1002年李继迁占领灵州，次年又占领西凉府（今甘肃武威），进一步扩张了割据势力。公元1007年德明与宋媾和，宋朝以双边合约形式承认了其割据政权的政治地位，客观上稳固了其统治地位。德明巩固政权的努力，为嗣后元昊的称帝奠定了基础。公元1031年元昊成为夏州政权的统治者，为进一步巩固政权，彰显其民族性、独立性，采取了一系列诸如更名改姓、建国立制、制定文字等的政治、文化措施。客观地说，这些举措取得了良好的政治成效，促使其于公元1038年向宋上表称帝。其领地东据黄河，西达玉门，南临萧关，北抵大漠。奄有银、绥、宥、静、灵、盐、会、胜、甘、肃、凉、瓜、沙等地。自此西夏政权先后斡旋于北宋、辽、南宋、金之间达190年之久，直至公元1227年被蒙古大军所灭。值得注意的是，不论是前期的夏州割据政权还是后期的西夏王朝，其统辖的主要地理空间尤其是灵盐、河西地区乃唐五代时期的核心区域，具有举足轻重的政治、经济、文化地位，其文物制度一本中原，并非"化外"之地。

在中国历史时期任何一个周边少数民族进入以汉族为主体民族的领域，无不逐渐汉化，概莫能外。从时间的角度讲，党项族具有逐步汉化的充裕时间。如果从贞观元年（627）党项内徙算起，党项进入内地长达600年；如果从公元881年夏州政权建立算起，则达347年；即便从公元1038年元昊称帝算起，也有190年之久。在如此漫长的历史时期，党项民族不发生汉化是不可能的，文献记载也简略地说明了这一点。应该说从贞观初年党项内附已经开启了其汉化的历程，从夏州割据政权建立到元昊称帝，其间157年，其政治制度基本上是中原政治制度，有些学者引用孤证式的历史文献，过分渲染其军事制度中的部落制成分，似有本末倒置之嫌。元昊称帝以后在政治、军事、文化、习俗等方面采取了突出党项民族特出性的蕃化举措，就是为了与中原王朝切割，以达"国际平等"的政治目的，但其政治、军事、文化制度并未完全革除中原制度，则于史有征，前贤已明确论说，无须词费。① 而从另一方面来讲，正是因为汉化已深，才有实施蕃化措施之必要，否则，所谓蕃化，则成无本之木，不知因何而起。元昊之后，西夏出现所谓蕃汉礼的斗争，这一斗争常与西夏帝后两党的斗争相辅相成。西夏诸帝中谅祚、秉常、干顺、仁孝、纯祐均冲龄嗣位，控御于后族之手，一俟成年，则欲极力摆脱后族控制，帝后之间围绕着最高统治权展开激烈斗争，而蕃汉礼之争就成为帝后两党斗争的主要形式。一般来讲，后族掌权时多实行"蕃礼"，皇帝掌权后多实行"汉礼"，"蕃汉礼"随着帝后实际权力的转移而反复，这是西夏政治生活的特点之一。为了对这一问题有一个直观的了解，现列表如下。

表 2-1

帝王名	即位年龄（岁）	专政后族	亲政与推行汉礼年龄（岁）	卒年（年）	年龄（岁）
谅祚	1②	没藏氏③	14④	1066年⑤	21
秉常	7⑥	梁氏⑦	16⑧	1086	26

---

① 吴天墀：《西夏史稿》，四川人民出版社1980年版，第27—37页。
② "（谅祚）以庆历七年丁亥二月六日生，八年（1048）戊子正月，方期岁即位。"《宋史》卷485《夏国传》上，中华书局1975年版，第14000页。
③ 《宋史》卷485《夏国传》上："谅祚幼养于母族（没藏）讹庞，讹庞因专国政。"第14000页。
④ 《续资治通鉴长编》（后简称《长编》）仁宗嘉祐三年十一月己巳条："夏国主谅祚言'本国窃慕汉衣冠，今国人皆不用蕃礼。明年欲以汉仪迎待朝廷使人'。许之。"（宋）李焘：《续资治通鉴长编》卷195，仁宗嘉祐三年（1058）十一月己巳条，中华书局1992年版，第4730页。
⑤ 《宋史》卷485《夏国传》上："（治平）三年十二月谅祚殂，年二十一。"第14003页。
⑥ 《宋史》卷485《夏国传》上："治平四年冬即位，时年七岁，梁太后摄政。"第14007页。
⑦ 《宋史》卷485《夏国传》上："表请去汉仪，复用蕃礼。"第14008页。
⑧ 《长编》卷290元丰元年七月辛巳条："诏河东、陕西经略司，指挥缘边城寨探刺夏人过设备预。以上批：'秉常始秉国事，今秋点集甚严，又鄜延、麟府界，间有游骑出没，羌情难测，战守之具宜早有分画'故也。"第7099页。

续表

帝王名	即位年龄（岁）	专政后族	亲政与推行汉礼年龄（岁）	卒年（年）	年龄（岁）
干顺	3①	梁氏	17②	1139	57
仁孝	16	任氏	16	1193	70
纯祐	17	罗氏	未知	1206	30③

尽管西夏政治生活中存在"蕃汉礼"之争，实行"蕃礼"也许在一定程度上阻碍了西夏社会封建化的历程，但史少明文，多出臆测。揆诸史实，即便是后党擅权，抑或是某些皇帝彰显党项民族特性的特殊历史时期，并未改变西夏政治制度中蕃汉政治文化相结合的基本架构。并不是一实行所谓"蕃礼"，就会决然摒弃其政治制度中的中原因素。恢复党项民族的文化，以彰显其民族特性谋求独立无过元昊者，而元昊尚且"……译《孝经》、《尔雅》、《四言杂字》为蕃语。复改元大庆"④。需要指出的是，强悍如元昊者，只是"恢复"党项文化，间接说明党项族此时汉化已深。不论是传统汉文历史文献，还是近世出土的西夏文文献，特别是西夏文《律令》，有大量的史实证明了这一点。为免枝蔓，此不赘述。⑤ 如果细绎文献，就会发现，所谓"蕃汉礼"之争，除了帝后两党政治斗争的需要之外，更多地体现为西夏与两宋的政治交往中应采取何种政治礼

---

① 《宋史》卷486《夏国传》下："干顺……母曰昭简文穆皇后梁氏，生三岁即位。元祐元年（1086）十月，以父殂，遣使吕则罔聿谟等来告哀。"第14015页。

② 《宋史》卷486《夏国传》下："（元符）二年（1099）正月，国母梁氏薨，辽遣使萧德崇来为夏人议和。……十二月，遂遣令能嵬名济等进誓表曰：'臣国久不幸，时多遇凶，两经母党之擅权，累为奸臣之窃命。'"第14016页。《宋史》卷18《哲宗本纪》二："（元符）二年……二月甲申，夏人以国母卒，遣使告哀，且谢罪，却其使不纳。"第351页。《长编》卷506元符二年二月甲申条："鄜延路经略使吕惠卿言：'保安军顺宁寨据西界首领谚勿乜斋到宥州牒一道，称正月二十日国母薨，定差使令逊嵬名济、副使谟程田快庸等诣阙讣告，兼附谢罪表状。'"国母梁氏死于元符二年正月，闰九月外戚梁氏集团被消灭。《宋史》卷486《夏国传》下："建中靖国元年（1101），干顺始建国学，设弟子员三百，立养贤务以廪食之。"第14019页。国母梁氏殂于元符二年正月，十二月外戚梁氏集团被消灭，干顺亲政，时年17岁，公元1101年推行"汉礼"，年不过二十。

③ 《宋史》卷486《夏国传》下，第14026页。

④ （元）脱脱：《宋史》卷485《夏国传》上，中华书局1975年版，第13993页。

⑤ 该问题前辈学者已有深入研究，主要参见吴天墀《西夏史稿》，四川人民出版社1980年版；史金波《西夏的职官制度》，《历史研究》1992年第2期。

仪，不会对其基本政体体系产生本质性改变。① 更不用说，谅祚、秉常、干顺、仁孝等在亲政之后，均采用"汉礼"，推行了一系列吸收、推广中原文化的政治措施，促进了西夏封建化的历史进程。总之，从时间角度观察，党项西夏社会封建化的历史进程从未间断，其采用、模仿中原王朝法典势所必然，理属应当。

党项西夏社会拥有封建化的坚实地理空间。西夏疆域东据黄河，西至玉门，北抵大漠，方圆二万余里。其中有三个核心区域在西夏政治、经济生活中具有举足轻重的地位，也是党项西夏社会封建化的重要地理空间。这三个核心区域是：今陕北及河套地区、银川平原以及河西走廊地区。陕北、河套地区自秦汉时期实行移民屯田，分官设职，自秦汉时期已经实行了完善的地方行政制度，早已是"王化"之地。隋唐建都长安，更成国都北门锁钥，在隋唐政治生活中的地位十分重要。河西走廊是中西交通要冲，隋唐时代，其经济文化极为繁荣。灵州历史悠久，自秦汉以来，具有优越的灌溉农业，经济文化发达。唐代灵州，为北部政治、军事重镇，担任拱卫京师的重要职能，在唐代后期的政治生活中更具有特出地位，肃宗就是在灵武军政长官的拥戴下登上帝位，从而延续了唐王朝的统治。因此，以上这三个区域并非蛮荒之区，实为繁华之地、"王化"之宇，早已是唐王朝的核心区域，也是成熟的汉文化区域。党项民族进入以上核心区域，虽然在政治上是主体民族，但这三个区域中大多数人口仍然是汉族，其主要的文化仍然是汉文化。党项族进入以汉文化为主体文化、汉民族人口占绝对优势的核心区域，逐渐吸收汉文化，开启其封建化的历史进程，完全符合边缘民族进入核心文化区域被同化的历史规律。有些研究者为了突出西夏历史的独特性，主观上割裂了西夏与唐五代的有机联系，给人以西夏统治的区域都是"化外"之地的印象，好像这些地方从未实行过王朝法典，直到西夏统治该地后才立法创制，殊不知这是对历史的曲解，致使对西夏封建化历程以及西夏法典问题的研究蒙上一层似是而非的神秘色彩。其实，这些地区也是中华法系的覆盖区域，长期处在中原王朝法典的控御之下。

---

① 《宋史》卷485《夏国传》上："（谅祚）嘉祐六年，上书自言慕中国衣冠，明年当以此迎使者。诏许之。"（元）脱脱：《宋史》卷485《夏国传》上，中华书局1975年版，4001页。又同书第14008页："（秉常）（熙宁二年）八月，表请去汉仪，复用蕃礼，从之。"

综上所述，西夏社会有一个在隋唐故地上展开的漫长而不间断的封建化的历史进程，西夏法典的制定问题则是这一封建化历史进程的有机组成部分。历史文献中涉及西夏法典创制的资料十分缺乏，令人无从知晓西夏法典制定的具体过程。但透过散见于史籍中的一些零星资料，得以窥见西夏统治者立国伊始，既已对中原法典的重视与借鉴。譬如，《宋史》卷485《夏国传》记载李元昊"晓浮图学，通蕃汉文字，案上置法律，常携《野战歌》、《太乙金鉴诀》"①。此类记载，虽是吉光片羽，但却明确无误地指明西夏最高统治者不但熟悉中原王朝法典，而且长置案头，是其处理军国事务的必备之物。

近世发掘所得西夏法律文书，也进一步证实西夏法典的编纂深受中国法律文化影响的事实。近世发现的西夏法律典籍包括《天盛律令》，天盛以后制定《新法》、夏崇宗贞观年间（1101—1113）制定的军事法典《贞观玉镜将》、西夏神宗遵顼光定元年（1212）的《猪年新法》、《瓜州审判案卷》以及佚名法学或狱典等数种。这几种法典在立法精神、编纂体例、法律内容等方面均借鉴了中原王朝法典并深受其影响。关于这些问题留待后文详论，此不赘述。总之，《律令》就是在西夏社会封建化过程中，借鉴、吸收中原法典而出现的产物，并不是党项民族的独立创造。

《律令》颁布于天盛初年，还是成书于乾祐早期，影响学者决断的主要因素是任得敬擅权问题。天盛初年论者认为任得敬既非番人，更非皇族，在其把持朝政的天盛中晚期，不可能公布维持皇权，尊崇番人的律令，并进一步推测律令成书于任得敬入朝不久、权势未炽的天盛初年。而后者则认为《律令》是仁孝铲除了任得敬分国势力后，为加强皇权，在乾祐早期修改天盛旧法而成，不晚于1182年。我们认为仁孝天盛二年（1150）在西夏旧律的基础上修订、颁行了律令，并赐名《鼎新》，该律令在天盛后期又经重新修订颁行，不早于公元1183年，具体时间不能确知，今日所见黑水城文献中的《律令》当属后者。

仁孝于南宋绍兴九年（1139）即位，时年16岁。其母族曹氏、妻族

---

① （元）脱脱：《宋史》卷485《夏国传》上，中华书局1975年版，第13993页。《辽史》卷115《西夏传》第1523页则记德明"晓佛书，通法律，《太乙金鉴诀》、《野战歌》，制番书十二卷，又制字若符篆"。当是将元昊事迹误植德明名下，应以《宋史》记载为准。

罔氏并无干政史迹，可见仁孝实操政柄，并非傀儡。仁孝统治时期采取了持续推行"汉礼"的举措，并成功地粉碎了任得敬的政治分裂活动，充分说明仁孝对西夏政治有强有力的控御能力，而非庸怯软弱的无能之辈。再者，仁孝政治地位稳固与否，任德敬能否擅权，主要取决于金人对西夏政治人物的选择与支持。《宋史·夏国传》以大事记的方式记载了仁孝推行"汉礼"的过程以及粉碎任得敬阴谋分裂国家的企图，为便于说明问题，现前文撮钞如下①：

（1）（绍兴）十三年（应为绍兴十四年，1144），夏（仁孝）改元人庆。始建学校于国中，立小学于禁中，亲为训导。

（2）（绍兴）十五年（1145）八月，夏重大汉太学，亲释奠，弟子员赐予有差。

（3）（绍兴）十六年（1146），尊孔子为文宣帝。

（4）（绍兴）十七年（应为绍兴十九年，1149），改元天盛，策举人，始立唱名法。

（5）（绍兴）十八年（应为绍兴二十年，1150），复建内学，选名儒主之。增修律成，赐名《鼎新》。

（6）（绍兴）二十八年（应为绍兴二十九年，1159），始立通济监铸钱。

（7）（绍兴）三十年（应为绍兴三十一年，1161），夏封其相任得敬为楚王。

（8）（绍兴）三十一年（应为绍兴三十二年，1162），立翰林学士院，以焦景颜、王金等为学士，俾修实录。

（9）（绍兴）三十二年（应为绍兴三十三年，1163），夏国移置中书、枢密于内门外。大禁奢侈。始封制蕃字师野利仁荣为广惠王。

（10）乾道三年（1167）五月，夏国相任得敬遣间使至四川宣抚司，约共攻西蕃，虞允文报以蜡书。七月，任得敬间使再至宣抚司，夏人获其帛书，传至金人。

（11）乾道四年（应为乾道六年，1170）②，夏改元乾祐，任得敬以谋

---

① （元）脱脱：《宋史》卷486《夏国传》下，中华书局1975年版，第14025—14026页。

② 据《宋史》校注：绍兴十四年改元人庆，天盛改元时间在绍兴十九年，乾祐改元当在乾道六年。上引《宋史·西夏传》材料中的时间均有误，故重新改过。参见《宋史》第14033页。

篡伏诛。

　　上引材料反映了以下几个问题：

　　第一，仁孝统治时期极力推行"汉礼"，加速了西夏社会封建化的进程，在这个过程中修纂《律令》完全符合历史逻辑。材料（1）—（8）条记录了仁孝推行"汉礼"，从而促进西夏封建化的过程，其中第（5）条材料记载了仁孝于西夏天盛二年，即南宋绍兴二十年（1150）"增修律成，赐名《鼎新》"的事实，并明确指出《鼎新》律是修订西夏旧律而成。①

　　第二，仁孝统治时期通过推行"汉礼"强化了西夏皇权。材料（4）反映了仁孝通过科举制选拔人才，改变官僚选拔制度，掌控了人事任免权。材料（9）反映了仁孝为了加强皇权，"移置中书、枢密于内门外"，加强了对中枢机制的控制。材料（6）"始立通济监铸钱"，说明仁孝掌握着西夏的财政经济大权。材料（7）"夏封其相任得敬为楚王"，任得敬位极人臣，这是他专权的顶峰。如果以此为界，任得敬专权可分两期。自1149年至1161年为前期，自1161—1170年为后期。仁孝自1144年至1163年推行汉化，强化皇权的举措，恰好是任得敬专权前期。

　　第三，现在所见《天盛律令》成书于任得敬伏诛之后。《西夏书事》记载天盛元年（1149）七月，任得敬为尚书令，天盛二年（1150）十月任中书令，天盛八年（1156）任得敬为西夏国相。②《西夏书事》不注明所抄史文出于何典，不知何据。若然，则任得敬擅权始于天盛初年。"（绍兴）三十年（应为绍兴三十一年，公元1161年），夏封其相任得敬为楚王"，位极人臣，达到权力顶峰。任得敬之所以能擅权，主要与他在仁孝初期尽力护主，维护仁孝君主权威有关。《金史》卷134《西夏传》："仁孝嗣位，其臣屡作乱，任得敬抗御有功，遂相夏国二十余年，阴蓄异志，欲图夏国，诬杀宗亲大臣，其势渐逼，仁孝不能制。"并迫使仁孝上表金朝，要求分国，"大定十年（西夏仁孝乾祐元年，公元1170年），乃

---

①　最早认为《天盛律令》就是《鼎新》律的学者是苏联的聂斯克，以后学者多踵其说；清人吴广成《西夏书史》卷36记载西夏乐书名《新律》，不知其所持何据。说见吴天墀《西夏史稿》第111页。

②　（清）吴广成撰：《西夏书事校证》，龚世俊等校证，甘肃文化出版社1995年版，第422页。

分西南路及灵州啰庞岭地与得敬，自为国，且上表为得敬求封"。遭到金人拒绝，①旋即任得敬被诛杀。任得敬妄图得到金、宋支持以达分国目的，未获支持，旋即覆亡。

《天盛律令》附有《颁律表》，尽管《颁律表》极不合常规地未明确标明法典制定的具体年代，殊为憾事。但仔细研读此表，许多极具价值的信息赖此得存，对我们深入研究《天盛律令》大有裨益。姑且不惮冗长，转抄如下②。

颁律表

奉天显道耀武宣文神谋睿智制义去邪惇（敦）睦懿恭皇帝，敬承祖功，续秉古德，欲全先圣灵略，用正大法文义。故而臣等共议论计，比较旧新《律令》，见有不明疑碍，顺众民而取长义，一共为二十卷，奉敕名号《天盛改旧新定律令》。印面雕毕，敬献陛下。以敕所准，传行天下，着依此新《律令》而行。

纂定者

北王兼中书令嵬名地暴
中书令赐长艳文孝恭敬东南姓官上国柱嵬名忠□
中书智足赐才盛文孝恭敬东南姓官上国柱嵬名地远
枢密东拒赐覆全文孝恭敬东南姓官上国柱嵬名仁谋
中书习能枢密权赐养孝文孝恭敬东南姓官上国柱乃令□文
中书副赐义持文孝恭敬东南姓官民地忍嵬名□□
中书副赐义观文孝恭敬东南姓官上国柱昊嵬
枢密入名赐益盛文孝恭敬东南姓官民地忍嵬名忠信
同中书副赐覆全文孝恭敬东南姓官上国柱范时□
□集议□枢密内宿等承旨殿前司正内宫走马讹劳甘领势
东经略使副枢密承旨三司正汉学士赵□
枢密承旨御史正秘书监汉大学院博士内宫走马杨□
中书承旨閤门知匦匣司正汉大学士院博士内宫走马白坚
中书内宿司等承旨匦匣司正浪讹心□□

---

① （元）脱脱：《金史》卷134《西夏传》，中华书局1975年版，第2869页。
② 史金波、聂鸿音、白滨译注：《天盛改旧新定律令》，法律出版社2000年版，第107页。

中书内宿司等承旨御庖瓯匣司等正杨正黄□
御前帐门官殿前司正卧讹立
中书内宿司等承旨中兴府副嵬名盛山
御前帐门官枢密承旨汉学士酒京州
殿前司正枢密居京令不心□□
合汉文者奏副中兴府正汉大学士院博士杨时中
译汉文者西京尹汉学士讹名□□
译汉文纂定《律令》者汉学士大都督府通判芭里居地
译汉文者番大学院博士磨勘司承旨学士苏悟力

  概略言之，有如下几点。第一，《天盛律令》乃编纂臣工奉仁孝旨意在西夏旧律基础上修订而成，再次证明现在所见《律令》乃仁孝时期修订而成。《颁律表》云："故而臣等共议论计，比较旧新《律令》，见有不明疑碍，顺众民而取长义，一共为二十卷，奉敕名号《天盛改旧新定律令》。"第二，法典的主要编纂者是西夏皇族成员，说明法律修撰时政权牢固地掌握在以仁孝为中心的党项贵族手中。从《颁律表》可知，律令修撰者共 23 人，其中皇族嵬名氏成员共 7 人，几近全部修撰成员的三分之一，更为重要的是这些皇族成员身居要职，掌握着律令编纂的领导权。修纂官员中有大概有 17 人是党项族，反映了党项族在西夏政治中的主体地位。任得敬专权时期极力铲除西夏皇族以及党项贵族势力，在其专权后期更图谋篡立，故绝不会任由党项贵族编纂王朝法典。第三，《颁律表》显示中书机构是修纂西夏法典的主要机构，中书令是主持法典修纂的第一负责人。《颁律表》中共 23 位修纂官，其中有 11 位官员属于中书机构，另有数员属于枢密机构。据《天盛律令》卷 10《司序行文门》，西夏政权机构分上、次、中、下、末五个等级，其中上等司只有中书与枢密二机构，是西夏政治体系的中枢。[①] 上引材料（9）记载公元 1163 年"移置中书、枢密于内门外"，移徙政治核心机构于大内，当是仁孝加强君权的重要举措，足见此两机构的重要性。王朝法交由中书机构，并由中书令领衔修纂，由此可见西夏对修纂王朝法典的重视程度。《颁律表》中显示中书

[①] 史金波、聂鸿音、白滨译注：《天盛改旧新定律令》，法律出版社 2000 年版，第 363 页。（后文引文凡来自《天盛改旧新定律令》者，注释均简称《律令》，特此说明。）

令等要职基本上由皇族嵬名氏成员担任，也进一步证明今日所见《天盛律令》成书于任得敬覆亡后的乾祐时期。因任氏自天盛二年（1150）直至西夏乾祐元年（1170）被诛杀，一直任中书令一职。如果今日所见《天盛律令》成书于天盛后期，《颁律表》中之中书令无疑是任得敬，而非嵬名地暴。假设今见《天盛律令》成书于天盛前期，领衔修纂者则必为任得敬。第四，《天盛律令》是在参考、吸收中原王朝法典的基础上修纂而成的。法典修纂官员中的汉族官员其主要职责就是将中原汉文法典翻译成西夏文。前述党项西夏封建化的历史历程已经说明了这个问题。概略言之，党项西夏自公元629年开始内徙，至1038年元昊建立西夏王朝，长达400年；西夏王朝也有190年的历史，经历了漫长而曲折的吸收中原文化而封建化的过程。夏州割据政权、西夏王朝统治的三个核心地区是汉唐故地，有极深厚的中原法律文化底蕴，并非边地。因此，西夏制定法典时借鉴、吸收中原法典是历史必然。至于有人认为《颁律表》中的"合汉文者"、"译汉文者"、"译汉文纂定《律令》者"说明《天盛律令》在颁律、刻印时已经有了汉文译本的说法，我们并不认同。元昊建立西夏后，创造西夏文字，就是为彰显其民族独特性而与宋分庭抗礼。公元1163年仁孝始封制蕃字师野利仁荣为广惠王，说明倾向汉化如仁孝者，在大力推行"汉礼"的同时，仍十分注重推崇西夏文字。西夏如制定法律，用西夏文字颁刻势所必然，断不存在所谓汉文译本。

行文至此，顺便就同此相关联的任得敬专权与《律令》的制定、颁刻的关系问题略作申说，以便更清楚地认识《律令》与中原王朝法典之间的关系。无论认为《律令》成书于天盛初年的学者，还是认为《律令》成书于乾祐早期的学者，都认为《律令》的制定、颁刻与任得敬专权有直接关系，核心理由就是任得敬不可能支持制定一部维护皇权的王朝法典。究其原因，主要有两点：一是因学者们对《律令》制定的大时代及其立法精神的误读所致；二是对任得敬这个历史人物的误解所致。我们认为无论任得敬专权与否，均不会改变《律令》维护封建皇权的立法精神。

《律令》是在西夏社会封建化的过程中修纂而成，《律令》作为国家综合法典，其立法精神就是体现君主意志，维护至高无上的皇权，这和西夏社会封建化过程中不断加强中央集权的步调相一致。就其渊源而论，与同时代其他民族国家一样，《律令》的修纂机构、题名、编纂体例、内容、立法精神无不受中华法系的深刻影响，虽然《律令》因西夏社会的特点而有其特色，但难以令其立法精神抽离大时代的政治、文化基调。就任得敬本人而言，也不可能逆时代潮流而动。任得敬本北宋西安州通判，叛宋投夏，权知州事，因镇压农民起义起家。其女为乾顺皇后，跻身外戚。仁孝统治初期，任得敬协助仁孝平定叛乱，维护皇权，厥功甚伟，先后封其为尚书令、中书令，公元1156年高居国相之位。可以说，其专权初期是嵬名氏皇权的积极拥护者。1162年逼迫仁孝封其为楚王，出入仪仗与皇帝同等，后更阴谋篡立，极力打压、迫害西夏皇族嵬名氏成员，主要是为攫取西夏皇权扫清道路，这和反对皇权是两回事，不可混为一谈。总之，任得敬专权前期是皇权的积极拥护者，后期又处心积虑图谋攫取嵬名氏之皇权。故此，任得敬不可能反对制定一部体现君主意志的国家综合法典。

《天盛律令》成书于乾祐早期，不晚于公元1182年的说法也不能成立。据元人虞集《虞文靖公道园全集》卷17《西夏相斡公画像赞序》，任得敬伏诛后斡道冲任中书令、国相直至身故，但不记起讫年月。① 据《西夏书事》记载，西夏乾祐二年（1171）"夏五月，以斡道冲为中书令"，乾祐十四年（1183）"秋八月，国相斡道冲卒"②。根据《颁律表》，西夏由尚书令领衔修纂《律令》应为成例，如在乾祐二年至乾祐十四年之间修纂《律令》，《颁律表》中领衔修纂之中书令必为斡道冲，而不是嵬名地暴。因此，现在所见《律令》成书必在乾祐十四年（1183）之后。另外，绥州政治归属权的变动也证明了《律令》成书不早于公元1183年的历史史实。绥州即绥德，曾为西夏辖地，后被北宋所夺。公元1128年绥德再次归属西夏，干顺、仁孝统治时期绥德为夏金榷场之一。1177年，金禁缘边榷场，"夏国绥德榷场亦罢"，说明当时绥德尚属西夏。金大定二十二年（1182）绥州被金割占。《天盛律令》卷10《司序行文门》末等司虽列有绥州，而在规定末等司官吏数额时却未列绥州，说明绥州实际上已非西夏行政区划。《律令》条文前后顾此失彼，当是修纂者昧于时

---

① （元）虞集：《虞文靖公道园全集》卷17《西夏相斡公画像赞序》，四库全书本，第8页b。参见《道园学古录》卷4，第20页b，《元文类》卷18，第7页a，《道园类稿》卷15，第20页b。

② （清）吴广成撰：《西夏书事校证》，龚世俊等校证，甘肃文化出版社1995年版，第439、447页。

事、前后失据所致，这也恰好说明《律令》修纂不早于公元 1183 年。但因文献阙如，《律令》成书的具体年份遽难定谳。

综上所述，我们认为现在所见《律令》应题名《重修天盛条法》。溯其源流，当为天盛元年纂成之《鼎新》律，任得敬伏诛后，乾祐时期又重新修订，成书当在公元 1183 年后，因文献阙如，具体时间尚难定谳。

三 《天盛律令》的版本

史金波、聂鸿音、白滨译注的《天盛改旧新定律令》所据原件在原苏联刊本的基础上，另补入卷首《名略》两卷，卷十四《误伤杀与斗殴门》中新识别出的 23 条律条，以及少量刻本零页和据写本新校补的残字，是目前通行本中最完备的版本。据聂鸿音研究，黑水城出土的西夏文《律令》刻本的版框规格不一致。以前五卷为例，卷一有 22.2×15.5 厘米、22×16 厘米、19×13.8 厘米、22×15.5 厘米四种规格。卷二有 22×16 厘米、21.5×15.3 厘米、22×15.5 厘米、20×18.7 厘米、22×15.6 厘米五种规格。卷三有 21.2×15.5 厘米、21.7×16 厘米、21.5×16 厘米、21.3×16 厘米、22×15.3 厘米五种规格。卷四有 22.5×15.5 厘米、21.5×15.5 厘米、20.5×15 厘米三种规格。卷五有 22×16 厘米、21.4×16 厘米、21.2×16 厘米、21×15.5 厘米四种规格。①

刻本字体殊异，每版单行字数不等。西夏专设刻字司，属末等司，为西夏官方书局，所刻印书籍版式精良，印刷质量颇高。《天盛律令》为西夏国家法典，刻印规格极高，应由刻字司负责刊布。但从上述版本情况来看，版式不一，刻印随意，质量并不高。似乎流传下来的《天盛律令》不是刻字司的刻本。有学者推测，也许和《同音》一样，官本刊布后，又出现了民间刻本。我们倒觉得这些并非民间刻本，作为卷帙浩繁的国家法典，民间书坊刊刻的可能性并不大，应是地方官府刻本。因刊刻时正值西夏末季，强邻压境，秩序渐失，仓促刻印，致使版本草率，没有刻印的地点、时间以及刻工的落款。

黑水城出土的西夏文《律令》有五种写本。《俄藏黑水城文献》第九

---

① 聂鸿音：《西夏刻字司和西夏官刻本》，《民族研究》1997 年第 5 期。

册影印出版，^① 其中乙种本书写工整，存卷四，七面；卷六，两面；卷七，一面；卷八，二十一面；卷十一，一面；卷十二，两面；卷十三，三面。丙种本为西夏文草书，存卷八，二十一面。丁种本略草，存卷八，三十一面。戊种本字迹粗浑，存卷八，三面。己种本较清晰，存卷十四，十二面。抄写者以及抄写的背景、原因等一概不明，钩沉考稽，尚待来日。

四 《天盛律令》与唐宋律编纂体例之异同

学术界关于《天盛律令》与唐宋律在编纂体例方面的比较研究有以下几种意见。王天顺认为《天盛律令》的编纂质量不高，编次无序，内容重出而文繁。其编纂缺点主要表现为：纲领未立，类例不分，科条不简。^② 史金波等认为《天盛律令》法典体系与条文结构具有鲜明的独创性，其形式的系统性领先于当时。认为其篇目设置有特色，将律令格式系统融汇，编入律中，使法律条文划一，条理清晰，便于翻检；《天盛律令》书写格式规范，层次分明，在中国法制史上是一次大胆的、成功的革新；每条律文第一行以西夏文"一"字开头，为本条内容，第二行则降格书写，一条律文中含不同意向，则分条编纂，原则同上。^③ 白滨等认为《天盛律令》在结构方面与和它同时代的中国法典不同，主要表现在律令编纂者不再严格区分律、令、格、式而创造出统一的法典。《律令》在编纂形式上独具特色，形成了中原政权与少数民族政权两个相对独立的法律编纂形式。^④ 以上几种观点，颇具创建，启人心智，但也存在着改进的空间与可能。

第一，比较研究的范围有待扩大。当前《天盛律令》的比较研究，主要集中在与《唐律疏议》《宋刑统》的比较研究上。其实，唐宋时代的

---

① 俄罗斯科学院东方研究所圣彼得堡分所、中国社会科学院民族所、上海古籍出版社编：《俄藏黑水城文献》（第九册），上海古籍出版社1999年版。
② 王天顺主编：《西夏天盛律令研究》，甘肃文化出版社1998年版，第3页。
③ 邵方：《西夏法制研究》，人民出版社2009年版，第41页；史金波：《西夏社会》（上），上海人民出版社2007年版，第249页；史金波：《西夏〈天盛律令〉略论》，《宁夏社会科学》1993年第1期。
④ 白滨：《西夏的政治制度》，载白钢主编《中国政治制度通史》第7卷，人民出版社1996年版，第531页；李殊：《宋与西夏法律编纂形式比较研究》，硕士学位论文，湖北大学，2012年。

法典内容十分丰富，不限于这两部法典。第二，不能忽略唐中叶以来法典编纂体例的变化。应该将《天盛律令》放置在唐宋时代法典编纂变迁的历史中予以比较，其比较结构才能与历史事实庶几近之。第三，保持价值独立的态度，既不拔高也不贬低。求真求实是历史学的基本学术目的，不能因为所研究的对象与自己的一己私利有联系而高估其价值，也不能因此而刻意贬低比较对象。窃以为丧失实事求是、求真求实的原则，对学术和个人都是一种损失。将《律令》与唐宋时代的几部主要王朝法典《唐律疏议》、《宋刑统》及《庆元条法事类》相比较，既可见其借鉴、融汇唐宋法典编纂体例的痕迹，又有其特色。

《律令》卷首置《名略》，颇类目录。《律令》是一部卷帙浩繁的综合性国家法典，翻检不易，将《名略》置于卷首，眉目清晰，便于检索，具有极强的使用功能，此其所长，为唐宋所不及。《名略》编次无序，类例不分，结构混乱，则是其鲜明缺点。《名略》分《律令》为20卷，但分卷无一定之规，除少数几卷将同类律条集中外，多数散乱无类，驳杂混乱，内容重出。其内容编纂次序、类例与结构显然与《唐律疏议》《宋刑统》有别。《唐律疏议》与《宋刑统》，尤其是《唐律疏议》作为中华法系承前启后的里程碑式王朝法典，对唐以来王朝法典的制定有着垂范式影响。《唐律疏议》在编纂体例上体现了"尊尊""亲亲"的原则，极严格地维护以皇权为中心的等级制度，同时竭力捍卫以家长为中心的家族制度。《唐律》12篇，编次有序，类例分明，结构严密，层次分明地体现了这些原则与精神，《律令》与此相比，有云泥之别。

《律令》虽不设《名例》，但贯彻了唐宋律《名例》篇的立法主旨、精神与原则，并非纲领不立。中华法系自北齐将《名例》置诸卷首，历代相沿。《名例》就是一部法律的总则，集中体现法律的立法主旨、精神与原则，其中律条具有通例性质，其相应专条则散见各篇。唐宋律的立法主旨、精神与原则蕴含在律与礼的密切关系中，就是律在精神上一准乎礼。质言之，就是唐宋律的全部律条渗透着礼的精神。礼的精神包含两个基本点："明贵贱"与"别尊卑"，以等级制与家族制为核心贯穿于唐宋律始终，是唐宋法律体系的纲领与基石。《律令》虽不设名例，但贯穿了唐宋律的立法主旨、精神与原则。如《谋逆门》《八议门》《司序行文门》等体现了以维护皇权为核心的"明贵贱"的立法精神与原则；《亲节门》等维护了以"别尊卑"为原则的家族制。可见《律令》贯彻了唐宋律的立法精神、主旨与原则，并非纲领不立。

《律令》部分内容在体例上借鉴了《唐律疏议》的律与注、疏结合的编纂体例，并有自己的特点。如《八议门》中"八议"对象的解释就源于《唐律疏议》中"八议"的疏文而略有变通。对"议亲"对象的界定则以服制的办法别出心裁地加以诠释。"议故"诸条抄录《唐律疏议》卷一《名例》中"八议"相关内容的痕迹极明显，为避免枝蔓，列表如下，观者自明，无须申说。

表 2-2　《天盛律令》"八议门"与《唐律疏议》"八议"内容对照表

《天盛律令》卷 2《八议门》	《唐律疏议》卷 1《名例·八议》
二者故人 长久待命，已测威力之谓	二曰议故 【疏】议曰：谓宿得侍见，特蒙接遇历久者
三者智人 君子聪慧，有大德行，堪以取则之谓	三曰议贤 【疏】议曰：谓贤人君子，言行可为法则者
四者善能 艺能殊胜，能习兵马，可判断事，辅佐帝道，能教授人礼之谓	四曰议能 【疏】议曰：谓能整军旅，莅政事，盐梅帝道，师范人伦者
五者有功 有大功勋，能斩将夺旗，能拓边地，支撑国难，以及率军一齐来投诚之谓	五曰议功 【疏】议曰：谓能斩将搴旗，摧锋万里，或率众归化，宁济一时，匡救艰难，铭功太常者
六者尊上 有"及御印"以上官之谓	六曰议贵 【疏】议曰：依令："有执掌者为执事官，无执掌者为散官。"爵，谓国公以上
七者勇勤 臣僚中行大勇勤，勤持官事，昼夜不忘，数度成功，及数次派出他国，能胜职事之谓	七曰议勤 【疏】议曰：谓大将吏恪居官次，夙夜在公，若远使绝域，经涉险难者
八者宾客 邻国王臣一齐来本国投诚，日过后子孙在之谓。昔周武王令夏帝之后裔于杞地为诸侯，令汤帝之后裔为宋地诸侯，作为国宾等之谓	八曰议宾 【疏】议曰：《书》云："虞宾在位，群后德让。"《诗》曰："有客有客，亦白其马。"《礼》云："天子存二代之后，犹尊贤也。"昔武王克商，封夏后氏之后于杞，封殷氏之后于宋，若今周后介公、隋后酅公，并为国宾者

资料来源：史金波、聂鸿音、白滨译注：《天盛改旧新定律令》，法律出版社 2000 年版，第 132—134 页；刘俊文：《唐律疏议笺解》（上），中华书局 1996 年版，第 103—105 页。

《律令》的编纂体例更接近《庆元条法事类》。宋人称《宋刑统》为"刑统"或"律"，而对《编敕》《敕令格式》等法典则又称作"条法"。如："靖康初，群臣言：祖宗有一定之法，因事改者，则随条贴说，有司易于奉行。……宜令具录付编修敕令所，参用国初以来条法，删修成书。""（建炎）三年四月，始命取嘉祐条法与政和敕令对修而用之。"①可见"条法"者，即是敕令格式法典的通称。而这个名称在《番汉合时掌中珠》有相近的表述："都案案头，司吏都监，局分大小，尽皆指挥，不许留连，莫要住滞，休做人情。莫违条法，案捡判凭，依法行遣。"②再者，引文中"尽皆指挥"的"指挥"在宋代就是"诏敕"的同义语。

《天盛律令》自身的名称"重修"，很形象地把握了《编敕》是每朝根据当时情况改删已有的旧法典而重新修订以成新法典的特点，即所谓"以后冲前，以新改旧，各自为书"③。《天盛律令》所附《颁律表》"奉天显道耀武宣文神谋睿智制义去邪惇睦懿恭皇帝，敬秉古德，欲全先圣灵略，用正大法文义。故而臣等共议论计，比较旧新《律令》，见有不明疑碍，顺众民而取长义，一共成为二十卷，奉敕名号《天盛改旧新定律令》。印面雕毕，敬献陛下。依敕所准。传行天下，着依此新《律令》而行"。对此，史金波先生解释说："《律令》既称'改旧新定'，自然在此之前西夏已有法律。《天盛律令》书首的《颁律表》中有'用正大法文义'、'比较旧新律令'、'着依此新律令而行'，等文字，皆可作为西夏早有《律令》的佐证。《颁律令》又指出，旧律有'不明疑碍'处，故而要加以修订。在黑水城遗址发现的西夏文献中，除《天盛律令》外，尚有西夏文手写本《新法》、《亥年新法》。可知西夏也非止一次修订法律。"④ 这与宋代文献记载每次修纂《编敕》《敕令格式》《条法事类》的背景、原因以及实际操作颇为相似，史籍中这类记载很多，仅举一例如下：

（淳熙）八年六月十九日，诏："淳熙重修吏部敕、令、格、式、申明既已颁行，其旧条难为杂用。自今如有疑惑，可申尚书省取旨。"先是吏部侍郎赵汝愚言："昨降指挥，令敕令所将《绍兴吏部七司法》、《吏部七司续降》、《参附吏部七司法》三书，又取自绍兴

---

① （元）脱脱：《宋史》卷199《刑法志》一，中华书局1975年版，第4965页。
② （西夏）骨勒茂才著，黄振华、聂鸿音、史金波整理：《番汉合时掌中珠》，宁夏人民出版社1989年版，乙种本第130—131页，甲种本第58—59页残损。
③ （元）马端临：《文献通考》卷167，第8册，中华书局1986年版，第5012页。
④ 史金波：《西夏社会》（上），上海人民出版社2007年版，第246页。

三十年以后至淳熙元年终节次续降及集议弊事指挥，重修吏部七司敕令格式，至淳熙二年书成。除是年正月以后指挥合作后敕遵用外，自淳熙元年十二月终以前申请、指挥自不合行用。然敕令之文简而深，请奏之辞详而备，居官者既未能精通法意，遂复取已行之例，用为据依，故吏因得并缘为奸。望委本部主管架阁文字官尽取建炎以来逐选见存指挥，分明编类成卷，付本选长贰郎官，参照《新书》重行考定。取于《新书》别无抵牾者，编类成册进呈，取自裁断，存留照用外，其余尽行删削，自今法案不许引用。"至是书成，故有是诏。①

《天盛律令》共20卷，未明确区分若干律，各部分内容排列次序与《唐律疏义》《宋刑统》差别很大。但是它与宋代编敕、《庆元条法事类》"各分门目，以类相从"的编纂方式近似，将律、令、格、式等不同的法律内容融汇为一体。② 《庆元条法事类》在宋代有两个本子流行，一为437卷别门本，一为80卷总门本。前者是以一别门为一卷计算，后者则是以总门分卷，某一总门内容多者，则分成若干卷，即一卷中包含若干别门。③《天盛律令》与《庆元条法事类》80卷总门本相近的是每卷有多少不等的门，共150门，分1461条。

《律令》是一部综合法典，与《唐律疏议》《宋刑统》偏重于刑律不同，全部律令条文的内容包括刑法、诉讼法、行政法、民法、经济法、军事法，多方位地反映西夏社会生活的各个方面，给西夏政治、经济、军事、文化研究提供了大量资料。这与《编敕》《敕令格式》以及由此衍化而来的《条法事类》的修纂旨趣一致。

概略言之，今日所见《律令》是在西夏社会封建化的历史进程中经过不断修改而形成的，其成书年代不早于西夏乾祐十四年（1183）。《律令》题名深受中华法系以帝王年号题名王朝法典之影响，应为《重修天盛律令》，虽然借鉴了《唐律疏议》与《宋刑统》，但其熔铸律令格式等法律形式于一炉，从而形成一部综合性的国家法典编纂体例，则显然受到

---

① （清）徐松辑：《宋会要辑稿》刑法一之五三，中华书局1957年版，第6486a页。
② （宋）李焘：《续资治通鉴长编》卷407，"元祐二年十二月壬寅"条，中华书局1992年版，第9912页。
③ 戴建国点校：《庆元条法事类》，黑龙江人民出版社2002年版，第2页。

《庆元条法事类》等五代以来"事类""统类"型法典编纂体例的影响。

第三节 《天盛律令》与唐宋律内容之比较

一 《天盛律令》与唐宋律内容异同之比较

学界目前通常将《律令》与《唐律疏议》《宋刑统》相比较，研究其内容异同。邵方将三者异同制成一表，异同立辨，感兴趣者可参阅此表。[①] 认为《律令》150 门中，91 门的内容是《唐律疏议》《宋刑统》所没有的，约占 60.7%，其余 59 门的内容与唐宋律类似或相近，约占 39.3%。通过比较所得出的数据与结论虽差强人意，但比较研究本身似乎不尽合理。因为《律令》乃残卷而非完璧，《唐律疏议》与《宋刑统》则是完整的王朝法典；今见《律令》是一部以刑法为主，为经济法、军事法、行政法、民事法占有相当比例的熔诸法于一炉的综合性国家法典，其功能偏重于适用性，《唐律疏议》与《宋刑统》则是国家基本法，以《唐律疏议》为例，作为总则的《名例》部分几乎占全书的三分之一，适用性远不及令、格、式、敕等，精神与象征功能远大于其实用功能。如将《律令》与唐宋时期适用性较强的国家综合法典相比较，留存于世的此类法典则只有南宋《庆元条法事类》残卷。《庆元条法事类》作为宋代的一部综合性法规汇编，它包括了刑事、民事、行政、经济等方面的立法，内容极为丰富。《庆元条法事类》残本不到原书一半，但其敕 887 条就比《宋刑统》全部律条多出近 1 倍。《庆元条法事类》残存令格式 2279 条，《宋刑统》全部令格式只有 202 条。《庆元条法事类》有大量经济方面的法规，仅残存者就有五门十卷。所收的行政法规及民事法规条款数量也超过《宋刑统》，还增加了在《宋刑统》中几乎空白的《蛮夷门》与《道释门》。

《律令》关于畜牧业生产、管理方面的律条比《庆元条法事类》丰富，这是由畜牧业在西夏经济生活中的主导性地位所决定的，反之，农业则是南宋社会的主导性产业。《律令》中涉及畜牧业的内容主要有卷 11《草菓重讼门》，卷 15《养草监水门》（已佚），卷 19《派牧监纳册门》、

[①] 邵方：《西夏法制研究》，人民出版社 2009 年版，第 42—60 页。

《分畜门》、《减牧杂事门》、《死减门》（以上均佚）、《供给驼门》、《畜利限门》、《畜患病门》、《官私畜调换门》、《校畜磨勘门》、《牧盈能职事管门》、《牧场官地水井门》、《贫牧逃避无续门》等。《庆元条法事类》涉及畜牧业的只有卷79《畜产门》，远没有《律令》条文丰富、详尽。

《律令》行政与经济管理法规方面的法规与《庆元条法事类》相比则极为简略。《律令》卷10，共5门，包括《续转赏门》《失职宽限变告门》《司序行文门》《五遣边司局分门》等，共89条。主要是对与官吏品阶、编制、磨勘、赴任的相关规定，其内容就《唐律疏议》之《职制》律比，已显内容简略，编次无序；与《庆元条法事类》相关内容比较，更不可以道里计。《庆元条法事类》卷4—13为职制门的内容，分为51个别门，涉及职掌、品阶、考课任用、叙复、致仕、荫补、封赠等，涵盖了宋代职制的各项法规，对研究宋代官僚制度具有重要参考价值。14、15两卷为《选举门》，设10个别门，涉及文武官员荐举、文学授官、考试、换授官资等诸方面。卷52《公吏门》分设有关公吏的职责、升降方面法规的三个别门。卷16—17《文书门》分11个别门，内容涉及制书、敕书、表奏等公文格式及其传递、执行与管理方面的法规，并涉及各种印章雕刻与管理、簿籍的雕印与禁约等。《天盛律令》卷11共计13门95条，内容驳杂，涉及行政与经济管理。主要内容是针对诈伪、出典劳力、田地、房舍、财产纠纷、使节往来、宗教管理等方面制定的法规。《庆元条法事类》卷50—51为《道释门》，分为11个别门，涉及道士、僧人的剃度及管理等一系列法规，是宋代的宗教法。卷78为《蛮夷门》，分为6个别门，是有关少数民族入贡，及归明人、归正人的法规。《律令》卷15共计11门86条，是针对各种地租、灌溉、河渠管理与保护的法律规定。《律令》卷16共计8门46条，全卷已佚，殊为可惜。从其仅存条目可推测其大致内容为农户登记管理与地租分成诸方面的法律规定。《庆元条法事类》保存赋役、租税、农田水利方面的法规比《律令》详尽。《庆元条法事类》卷47—48为《赋役门》，其下设12别门，是有关租税征收及管理的有关法规。卷49为《农桑门》，分为两个别门，内容包括劝课农桑与农田水利的法律规定。

《律令》卷17共计7门58条，是对度量衡标准、钱币使用以及仓库管理制度等方面的法律规定。《律令》卷18共计9门56条，是对榷税专卖与对外贸易等商业活动征税的相关法规。《庆元条法事类》卷30—32

为《财用门》，分为 8 个别门，内容包括上贡钱物、经总制钱、封桩、应在、点磨隐陷、理欠、钱币铸造及管理等财经方面的法规。卷 36—37 为《库务门》，分为 10 个别门，内容涉及场务管理及商税征收、仓库管理及杂买粮草的法规。卷 28—29 为《禁榷门》，别为 14 门，主要是国家专卖与钱币铸造与管理方面的法规。

两相比较，《庆元条法事类》有关行政与经济管理方面的法规，其周密翔实的程度远非《天盛律令》可比，但两者相同之处甚伙，则是不争的事实。更何况《庆元条法事类》是残本，佚失部分已不可考。仅其残本与《律令》内容多有相同处，可以想见，如是全本，两者相同之处则会更多，应是符合历史逻辑的推理。

二 比较结果

《律令》在内容与中华法系的王朝法典既有密切联系，又有区别。《律令》的部分内容源自《唐律疏议》，更重要的是《律令》承袭了以《唐律疏议》为代表的中华法系的国家基本法的立法宗旨、精神及原则，即在整部法律中贯彻了以皇帝为中心的等级身份制和以家长为中心的家族名分制。其具体内容则与《庆元条法事类》相似之处颇多。两相比较，《庆元条法事类》有关行政与经济管理方面的法规，其周密翔实的程度远非《天盛律令》可比，而《律令》关于畜牧业生产、管理方面的律条则比《庆元条法事类》丰富，反映了畜牧业在西夏经济生活中的主导性地位。

第三章　西夏的刑罚与司法制度
——与唐宋律为中心的比较研究

第一节　西夏的刑种、罪名与刑罚

一　西夏的刑种

西夏的刑种大致分为五种：笞刑、杖刑、徒刑、劳役、死刑"五刑"，另有黥、"戴铁枷"、罚、没、革等附加刑。

西夏刑种源自唐宋刑罚体系并有所改造。汉代以降，作为一种身体刑的肉刑被逐渐取消，以流刑为主的自由刑和另一种身体刑的笞刑、杖刑之类在显著扩张，这一态势在魏晋南北朝期间得到整顿，在南北朝时期特别是在北朝，笞、杖、徒、流、死的刑罚体系逐渐形成。特别是在北朝刑罚体系的影响下，7世纪前后隋唐刑罚体系的五刑——笞、杖、徒、流、死终告成立，并成为中华法系的主刑。西夏刑种中的主刑部分显然源于中华法系的五刑系统并加以改造以适应西夏社会生活的需要，其附加刑部分同中华法系的渊源也密不可分。

笞、杖刑属于身体刑。罪犯受笞杖刑时，以竹捶其臀部，使受刑者身体受到可恢复的暂时性伤害以示儆尤。其实因此致残或毙命杖下者并非鲜见，实则是死刑、肉刑、笞杖刑并施的酷刑。唐宋时期笞杖刑以"十"数为单位，合为十个刑等，行刑笞、杖有细致、严格的规定。[①] 西夏笞刑最低以十五起数，然后依次为笞二十、三十至笞一百；杖刑主要分为七、八、十、十三杖四等。"杖以柏、柳、桑木为之，长三尺一寸。头宽一寸

[①] 刘俊文：《唐律疏议笺解》，中华书局1996年版，第17—22页；[美] 德克·布迪、克拉伦斯·莫里斯：《中华帝国的法律》，朱勇译，江苏人民出版社2008年版，第74页。

九分，头厚薄八，杆粗细皆为八分，自杖腰至头，表面应置筋皮若干，一共实为十两，当写新年日。木枷长三尺九寸，宽三寸半，厚一寸半。"①刑具较唐宋轻细，并覆以筋皮，以期减轻惩处烈度。笞刑常在贵族被执行减刑时折杖使用，亦可作为徒刑之附加刑，杖刑也常做折杖及附加刑，体现了西夏法律分贵贱、别良贱的原则。

徒刑和流刑是自由刑。在专制主义统治下，所谓自由刑，仍具有被强制从事持续性奴隶劳动的身体刑的实质。徒刑是自由刑之一，即罪犯离开原居地，在另外一个地方服苦役若干年，其实质就是在一定时限内，对罪犯实行的强制奴役。唐宋律分一年、一年半、两年、两年半、三年五等，明清律有总徒四年、准徒五年及迁徙比流减半准徒二年等附加刑三等。

与中华法系相比，西夏的徒刑的刑等琐细繁多。根据《天盛律令》卷12《内宫待命等头项门》：

（若宿卫不按日集中），属下人一日徒一个月，二日徒两个月，三日以上一律以全月未至论，徒三个月。首领一律一日徒一个月，二日徒三个月，三日以上以全月未至论，徒六个月，期满令依旧任职长。

《律令》卷20《罪则不同门》规定：

诸人犯种种罪时，依五刑义轻重不同次第，各自名事当明之。本罪初始时为大杖七八杖始，依次续加：一等：十杖及十三杖，劳役三个月、六个月、一年，其上以一等论，短期所至为六年。自此以上，始于八年，取名长期。八年、十年及十二年三种长期者，期满依旧可回院中。此外其上无期者为十三年劳役，则苦役期满亦当住无期处。本罪已至绞杀及剑斩。②

另据《律令》卷2《贪状罪法门》将西夏官员枉法受贿与非枉法受贿量刑做表比较（见表3-1）。

---

① 《天盛律令》卷9《行狱杖门》，第324页。
② 《天盛律令》卷20《罪则不同门》，第605页。

表 3-1　《律令》所见西夏官员枉法受贿与非枉法受贿量刑之比较

枉法受贿		非枉法受贿	
受贿量	量刑	受贿量	量刑
100 钱至 1 缗	造意 13 杖，从犯 10 杖	100 钱至 1 缗	造意 8 杖，从犯 7 杖
1 缗至 3 缗	造意徒 3 个月，从犯 13 杖	1 缗至 5 缗	造意 13 杖，从犯 10 杖
3 缗至 6 缗	造意徒 6 个月，从犯徒 3 个月	5 缗至 10 缗	造意徒 3 个月，从犯 13 杖
6 缗至 9 缗	造意徒 1 年，从犯徒 6 个月	10 缗至 15 缗	造意徒 6 个月，从犯徒 3 个月
9 缗至 12 缗	造意徒 2 年，从犯徒 1 年	15 缗至 20 缗	造意徒 1 年，从犯徒 6 个月
12 缗至 15 缗	造意徒 3 年，从犯徒 2 年	20 缗至 25 缗	造意徒 2 年，从犯徒 1 年
15 缗至 18 缗	造意徒 4 年，从犯徒 3 年	25 缗至 30 缗	造意徒 3 年，从犯徒 2 年
18 缗至 21 缗	造意徒 5 年，从犯徒 4 年	30 缗至 40 缗	造意徒 4 年，从犯徒 3 年
21 缗至 25 缗	造意徒 6 年，从犯徒 5 年	40 缗至 50 缗	造意徒 5 年，从犯徒 4 年
25 缗至 30 缗	造意徒 8 年，从犯徒 6 年	50 缗至 60 缗	造意徒 6 年，从犯徒 5 年
30 缗至 35 缗	造意徒 10 年，从犯徒 8 年	60 缗至 70 缗	造意徒 8 年，从犯徒 6 年
35 缗至 40 缗	造意徒 12 年，从犯徒 10 年	70 缗至 80 缗	造意徒 10 年，从犯徒 8 年
40 缗以上	造意绞杀，从犯徒 12 年	80 缗以上	造意徒 12 年，从犯徒 10 年

资料来源：《律令》卷 2《贪状罪法门》，第 147—148 页。

　　根据上述材料，可知西夏徒刑大体分短期、长期和无期服苦役十三年后留居服役地三种，具体讲则多达 14 个刑等，苛细繁多，加上流刑，组成了西夏的自由刑。这是在中华法系首次出现长期徒刑和无期徒刑的区分，其中获短期徒刑的牧、农、车、舟主、相军以及匠人黥刺戴枷，留在本院中服刑；农人、牧人、使军、奴仆获短期徒刑后的服刑情况，尚待进一步研究。而长期与无期徒刑实际就是流刑。

　　流刑亦属自由刑。流刑是仅次于死刑的重刑，定刑于隋唐时期。就是强制服刑者和亲邻流离，服刑者以家乡为圆点由此地被"流放"至彼地，并服苦役一年，并不将犯人流放国外。唐律常流分三个等次：流两千里、两千五百里、三千里，均居作一年。另有所谓加役流，即流三千里，居作三年，比常流加役二年，故称。其实是死刑的变通执行，体现国家慎行主义原则。宋代的流配或刺配，是对有罪杖脊、刺面、流配、徒役并用的一种新的刑罚方法，是编配法中的核心部分。刺配法的广泛行使和用刑严酷，是宋代统治者推行威刑主义的表现。军流，又称充军。宋代军流刑已从普通流刑中分离出来，元代军流刑进一步独立，明代统治时期，军流刑作为主要刑种，正式列入刑罚体系。① 宋代流配情况复杂，限于篇幅，在此不能道其万一，郭东旭《宋代法制研究》有较详细的论述，足资参考。②

流刑制定基于传统农业社会的宗族组织、宗族意识以及安土重迁的乡土意识。传统农业社会，人们安土重迁，不愿意远离自己的故乡，不愿意与自己所属的宗族共同体相分离，由于尊祖意识也不愿远离先人丘墓。对这种情感有同情之了解后，对于流刑以距离家乡的远近来确定刑罚的轻重这一点，很自然就能理解了。

《律令》中并没有对于流刑的具体规定，而将流刑与徒刑结合，即将长期徒刑者、无期徒刑者投往边地服苦役、守边城或入边地军中。《律令》规定：

> 犯十恶及宿盗始送地边逃跑、重盗罪不信人等以外，为等以外，为盗罪人人等送地边城获夕跑、重盗罪不信人等以外，为盗罪人等送地边城获无期、长期劳役者，应遣何处，当依法遣。
>
> 因为盗及他杂罪而获长期徒刑，迁移住地，送地边城中已注册而逃跑者，未为他罪，则当重增黥字，打二十杖，送先住处。
>
> 谋逆者之伯叔、姨、侄等同居不同居一样，当随其连坐，应易地而居，无疑者当遣往边地，有城则当终身守城，无城入边军中，疑者则当于内地记名。
>
> 诸人议逃，已行者造意以剑斩杀，各同谋者发往不同地守边城无期徒刑，做十三年苦役。
>
> 诸人欲损毁宗庙、堂殿、地墓等，"若未动手则造意绞死，从犯当迁往异地，在守边城军中无期徒刑，做十二年苦役"③。

仔细研读上引律文，胜义颇丰。首先，《律令》受唐宋律流刑，

---

① 沈家本：《沈寄簃先生遗书》甲编，文海出版社1964年版，第541—552页。
② 郭东旭：《宋代法制研究》，河北大学出版社2000年版，第237—253页。
③ 以上材料依次引自《律令》卷11《判罪逃跑门》，第393页；《律令》卷11《判罪逃跑门》，第393—395；《律令》卷1《谋逆门》，第111页；《律令》卷1《谋逆门》，第115页；《律令》卷1《失孝德礼门》。

尤其是宋代刺配和充军刑影响的痕迹较明显，将流配、徒刑、杖刑、黥刺合而为一，符合唐宋时代劳役刑作为剥夺受刑者自由的自由刑显著扩张的发展趋势。其次，流刑主要针对侵犯皇权等犯"十恶"罪者的严厉惩处，体现了西夏法律维护等级制度的立法精神。再次，西夏的流刑采取了连坐近亲的法律原则，量刑比唐律酷苛，倒是同宋代刺配与充军的量刑接近，体现了量刑从重的威慑主义精神。最后，西夏流刑之实行多将罪犯充军边地或用于守城，也许跟西夏长期黩武，连年点集，致使边疆守卫乏人有关。总之，自由刑占据着西夏刑罚体系的中枢地位。

死刑是生命刑，以剥夺罪犯生命作为赔偿目的。唐律死刑只有绞、斩两种，较之前代，酷烈程度有所减轻，而宋律除斩、绞刑外，又恢复凌迟、枭首等酷刑，在死刑方面加强了威慑主义传统。《律令》与唐代一样，死刑仅有斩、绞二种，显然继承了唐律在死刑方面轻刑主义的倾向。其深层原因乃是佛教文化对人们生死观的深刻影响所致。斩刑被认为比绞刑重，是因为斩则身、首分离，来世就不可能再变为人；绞则保留全尸，来生还能变成人。职此之故，虽然都是死刑，绞就被认为要轻一些，所以对于罪大恶极的重犯，正是出于使他们来生不再变成人的目的，对之处以斩刑才被认为是必要的加重处罚。唐代之后，五刑中的死刑出现了变迁。例如五代、宋、元、明、清各个时代都实行过所谓凌迟处死的极刑，这种刑还附加要求禁止埋葬尸体。于是受刑者就不得不成为没有来世的"永远的死亡者"，这是给大逆、杀害父母之类悖逆人伦的罪行的极端处罚。隋唐时代中国佛教的发展达到巅峰，时人的生死观深受佛教生命轮回说的影响，佛教在西夏文化中也具有举足轻重的地位。西夏举国佞佛，整个社会均受佛风熏染，不论是传统历史文献还是考古发掘的相关材料都证明了这一点。如果说西夏人的生死观同隋唐人一样，都接受了佛教生命轮回说的影响，这样的人生观自然地影响了死刑刑种的设置与认识，应该说如此论断还是比较符合历史实际。反之，佛教的地位在宋代却渐趋式微，对人的生死观影响深远者则非新儒学莫属，尤其是极力维护名教为己任的程朱理学。佛教徒的形象也失去了隋唐时代的光辉，甚至常以道德生活的负面形象示人，成为一种反讽。①

黥刑就是刺字，即在人犯臂、脸上刺墨的一种刑罚，实属反映刑之一。唐代已废黜黥刑，五代、宋又恢复，明清时期也曾实行过。根据宋代刺字的规定，其刺字之大小，根据场合而定，大小不能超过二分；若是被流配到沙门岛时，则规定为七分大。犯强盗罪而被赦免死刑充军时，按规定要在面部刺墨，刻上"强盗"的文字。黥刑为西夏附加刑之一。《律令》规定："诸人犯罪属十恶、盗窃、卖敕禁、检校军等犯大小罪，以及杂罪中有长期徒刑等，当依黥法受黥。……诸人犯罪黥法：徒一年至三、四年，手背黥四字。徒五、六年手耳后黥六字。徒八年、十年等面上黥八字。徒十二年、无期徒刑等当黥十字。"犯罪并已被黥字者，不得随意去掉黥字，"假若违律去黥字者，去掉面上徒三年，去耳后徒二年，去手背徒一年。有黥字人原有何字当重依旧刺字"。并规定了黥字的具体方式，还规定了司法人员违反黥字法时应当区分情况追究其相应的刑事责任。②其法律规定与宋律极相似，应源于宋律。戴铁枷也是附加刑，也即中华法系中的附加刑——枷号，主要用于那些被判决为短期徒刑或长期徒刑并服劳役的犯罪者。《律令》规定：罪犯服劳役，短期徒刑戴三斤铁枷，长期徒刑则戴五斤铁枷。在西夏刑罚体系中，除了黥刑、戴铁枷刑之外，罚、没等财产刑也是经常作为附加刑来使用的。《律令》卷11《分用私地宅门》规定擅种、私卖有主土地等物，一经查实，"有官罚马一，庶人十三杖，当取地价。先后实有所种苗、果、树之数当罚，与地面一同当还先属者"③。《律令》卷11《草果重讼门》规定："诸院官私不用地界生长野草、野果时，诸家主当依所出工分取，不许于地边围植标记。倘若违律时，有官罚马一，庶人十三杖。已围地界中野草、野果有所生长时，依所出笨工多少共分之。"④《天盛律令》中关于"有官罚马一，庶人十三杖"的规定相当普遍，由此可以看出，罚马作为一种财产刑是应用相当广泛的附加刑。此外，罚物也是一种替代的处罚方法。例如，《律令》规定树木

---

① 柳立言：《宋代的宗教、身份与司法》，中华书局2012年版。
② 《律令》卷2《黥法门》，第152—153页。
③ 《律令》卷11《分用私地宅门》，第412页。
④ 《律令》卷11《草果重讼门》，第413页。

植而不护，以及误使牲畜啃食时，畜主人等一律庶人笞二十，有官则罚铁五斤。① 据《律令》卷20《罪则不同门》的规定，罚马、罚钱、官品、受杖之间可以折算。在财产刑中，"没收入官"也是应用频率很高的附加刑之一。如《律令》卷1《谋逆门》规定因谋逆罪而连坐者畜、谷、实物、地、人等都被没收入官。②

二　《律令》中的罪名

（一）"十恶"罪

《律令》之"十恶"罪与唐宋律中所见"十恶"罪及其刑罚别无二致，可以窥见《唐律疏议》之于中华法系的深远影响。《律令》将"十恶"罪置于卷首，开篇即奠定了《律令》维护以皇权为核心的等级制度为目的的立法宗旨与基调。《律令》没有《名例》彰显全律总则，而是将"十恶"罪名与具体律条合二为一，使"十恶"罪具有总则的部分功能与意义，这也是《律令》的特色之一。

（二）杀人罪

唐宋律将杀一家非死罪者三人、肢解尸体等行为定为不道罪，被处以极刑，遇赦不原，等同"十恶"。根据杀人情节，其他杀人罪分为谋杀、故杀、斗杀、误杀、过失杀、戏杀等，称为"六杀"。唐宋律"六杀"对西夏法典影响显著。《律令》将"妄杀一门无罪三人或杀一门一二人使其根断，或杀不同家门四人以及在故意谋杀中手段残忍的行为"定为不道罪。此外，根据《烧伤杀门》的相关律条，《律令》区分了故意杀人罪和过失杀人罪。③

（三）伤害罪

《律令》中的伤害罪是指故意或过失致人身体受到伤害的犯罪行为。《律令》卷8《相伤门》、卷14《误殴打争斗门》规定了伤害罪及其量刑标准。④《唐律疏议》卷21—23《斗讼》篇有大量律文是针对伤害罪的法律规定。

（四）纵火罪

《律令》规定的纵火罪是指故意纵火或无意失火致使他人生命财产受

---

① 《律令》卷15《地水杂罪门》，第506页。
② 《律令》卷1《谋逆门》，第21页。
③ 《律令》卷8《烧伤杀门》，第292页。
④ 《律令》卷8《相伤门》；《律令》卷14《误殴打争斗门》。

到损害的犯罪行为。《律令》规定，纵火罪分故意纵火罪和无意失火罪两种。故意纵火致人死亡按杀人罪论处，造成财产损失者庶人造意斩，从犯无期徒刑；无意失火造成他人生命财产损失者，根据受损程度量刑。①

（五）盗窃罪

《律令》第3卷共14门，其中有13门集中规定了盗窃罪的罪名种类与相应的量刑标准。与《唐律疏议》将盗窃罪罪名与律条散置各篇不同，《律令》则将盗窃罪律条集中于一卷之中。②

（六）贪赃罪

《律令》中的贪赃罪，指官吏枉法贪污或不枉法受贿行为。《律令》卷2《贪状罪法门》规定贪赃罪有枉法贪污与不枉法受贿等，与唐律中的受财枉法、受财不枉法基本一致。关于贪赃罪的惩处情况，前文所列《〈律令〉所见西夏官员枉法受贿与非枉法受贿量刑之比较表》已详细胪列，此不赘述。

（七）奸非罪

《律令》中的奸非罪指非法性交之行为。包括人妇与人通奸、亲属相奸、奸淫幼女等七个类型。③

（八）诈伪罪

《律令》中的诈伪罪指伪冒类刑事犯罪。主要包括伪造御宝罪、伪造官印罪、伪造制敕罪、伪造公文罪等。④

（九）违禁罪

《律令》卷7《敕禁门》是关于违禁罪法律规定。主要指违反禁令、私藏武器、服饰房屋逾制、私持武器、走私贸易以及私铸钱币等罪行。⑤

（十）擅兴罪

《律令》中也有擅兴罪，所谓擅兴罪指违反国家有关军事和营造制度的处罚。《律令》卷4的内容主要是唐宋律里擅兴罪的内容，但大多数律条已经亡佚。⑥

---

① 《律令》卷8《烧伤杀门》，第292—293页。
② 《律令》卷3，第160—186页。
③ 杜建录：《〈天盛律令〉与西夏法制研究》，宁夏人民出版社2005年版，第43—45页。
④ 《律令》卷11《矫误门》，第383页。
⑤ 《律令》卷7《敕禁门》，第283—287页。
⑥ 《律令》卷4《弃守大城门》、《边地巡检门》，第194—222页。

此外，还有违反军事职责、违反遍地巡检、丢失公文等罪名，此不详举。需要指出的是，由于《律令》为残卷，有些罪名无缘得见，因此不能窥其全豹。与《唐律疏议》相比，其罪名较少，今日仅见罪名多源于唐律，其中有些罪名根据西夏社会生活的特殊需要而做了增损调整，也反映了西夏社会生活的某些独特性。

三　西夏的刑罚适用原则

《律令》体现了西夏刑法的几个适用原则，现简单论列如下。

第一，西夏刑罚体系贯穿了等级制，主要原则可概括为三条：尊君卑臣，贵官贱民，异罚良贱。《律令》根据人的政治经济地位把人分成不同的等级，并赋予不同的权利与义务。第一个等级是皇帝，是至高无上的统治者，拥有最高立法权与最高审判权，但不承担任何义务，凌驾于法律之上。贵族和官僚是第二个等级，可以依照不同的品阶享受不同程度的法律特权。第三个等级为农人、牧人等平民阶层，对国家有生产、纳税、征防等义务。除老幼残疾等可视情况予以特殊处理外，没有任何特权，一切断之以律。第四个等级是使军、奴婢等贱民，是被法律歧视的对象。

《律令》中对所有涉及皇帝的犯罪都科以重刑，"十恶"这样遇赦不原的重罪中有四条涉及皇帝的。即使没有实施，一旦"起意"，就科以重刑，并连坐亲属。《律令》体现了贵官贱民的原则。贵族和官僚犯罪一般不真正量刑，而是通过议、请、减、赎以及官当等，予以减免或以重易轻。对于贵族、官员某些特定犯罪《律令》规定给予除名或免官、免所据官的特殊惩处。《律令》卷1《八议门》，特别是卷2《罪情与官品当门》的相关内容很好地阐释了这一原则。以下是根据《罪情与官品当门》制定的关于西夏官当的一览表。

表 3-2　　　　　　　　西夏官当一览表

刑名	庶人	量刑	官品	官当与量刑
杖刑		七、八杖	暗监—拒邪	二缗钱
		十杖	暗监—拒邪	五缗钱
		十三杖	暗监—拒邪	七缗钱
			及授以上	奏告实行

第三章　西夏的刑罚与司法制度——与唐宋律为中心的比较研究　51

续表

刑名	庶人	量刑	官品	官当与量刑
徒刑		十三杖，徒三个月	十乘—胜监	十三杖，十缗钱
			暗监—拒邪	罚马一
		十三杖，徒六个月	十乘—胜监	十三杖，罚马一
			暗监—柱趣	罚马二
			语抵—拒邪	罚马一
			及授以上	奏告实行
		十三杖，徒一年	十乘—胜监	降一官，十三杖
			暗监—柱趣	降一官，罚马一
			语抵—拒邪	罚马二
			及授以上	奏告实行
		十三杖，徒二年	十乘—胜监	降二官，十三杖
			暗监—柱趣	降二官，罚马一
			语抵—真舍	降一官，罚马二
			调伏—拒邪	降一官，罚马一
			及授以上	奏告实行
		十五杖，徒三年	十乘—胜监	革除官、职，勿革军，十三杖，徒三个月，日满当往
			暗监—戏监	降五官，罚马三
			头主—柱趣	降四官，罚马二
			语抵—真舍	降三官，罚马二
			调伏—拒邪	降二官，罚马二
			及授以上	奏告实行
		十五杖，徒四年	十乘—胜监	革除官、职、军，徒六个月，日满当往
			暗监—戏监	官分两半降一分，革职，勿革军，徒三个月，日满当往
			头主—柱趣	降七官，罚马四
			语抵—真舍	降五官，罚马二
			调伏—拒邪	降三官，罚马二
			及授以上	奏告实行

续表

刑名	庶人	量刑	官品	官当与量刑
徒刑		十七杖，徒五年	十乘—胜监	官、职、军皆革，徒一年，日满依旧往
			暗监—戏监	官、职、军皆革，徒六个月，日满依旧往
			头主—柱趣	官分两半降一分，革职，勿革军，徒三个月，日满依旧往
			语抵—真舍	降七官，罚马四
			调伏—拒邪	降五官，罚马三
			及授以上	奏告实行
		十七杖，徒六年	十乘—胜监	官、职、军皆革，徒二年，日满依旧往
			暗监—戏监	官、职、军皆革，徒一年，日满依旧往
			头主—柱趣	革官、职，勿革军，徒六个月，日满依旧往
			语抵—真舍	降十官，罚马四
			调伏—拒邪	降七官，罚马三
			及授以上	奏告实行
		二十杖，徒八年	十乘—胜监	官、职、军皆革，徒三年，日满依旧往
			暗监—戏监	官、职、军皆革，徒二年，日满依旧往
			头主—柱趣	官、职、军皆革，徒一年，日满依旧往
			语抵—真舍	革职，勿革军，降十五官，罚马七
			调伏—拒邪	勿革军，降十官，罚马五
			及授以上	奏告实行
		二十杖，徒十年	十乘—胜监	官、职、军皆革，徒四年，日满依旧往
			暗监—戏监	官、职、军皆革，徒三年，日满依旧往
			头主—柱趣	官、职、军皆革，徒二年，日满依旧往
			语抵—真舍	革职，勿革军，降十七官，罚马七
			调伏—拒邪	勿革军，降十三官，罚马五
			及授以上	奏告实行

续表

刑名	庶人	量刑	官品	官当与量刑
徒刑	二十杖，徒十二年、无期徒刑	十乘—胜监	官、职、军皆革，徒六年，日满依旧往
			暗监—戏监	官、职、军皆革，徒四年，日满依旧往
			头主—柱趣	官、职、军皆革，徒三年，日满依旧往
			语抵—真舍	革职，勿革军，降二十官，罚马七
			调伏—拒邪	革职，勿革军，降十五官，罚马七
			及授以上	奏告实行
死刑		绞、斩	十乘—胜监	官、职、军皆革，徒八年，日满依旧往
			暗监—戏监	官、职、军皆革，徒五年，日满依旧往
			头主—柱趣	官、职、军皆革，徒三年，日满依旧往
			语抵—真舍	官分两半降一分，革职、军，罚马七
			调伏—拒邪	官三分中降一，革职，勿革军，罚马七
			及授以上	奏告实行

资料来源：《天盛律令》卷2《罪情与官品当门》，第138—147页。

《律令》通过同罪异罚的原则区分良贱。《律令》卷8《相伤门》的规定很好地诠释了这个原则。诸人女、子、妻子、媳、使军、奴仆等与父母、丈夫、头监等语言不和而被打时，失误动手而伤眼、断耳鼻、伤手脚、断筋等，有官罚马一，庶人十三杖，若死则徒六个月。其中以刀剑伤眼，伤断耳、鼻、脚、手、断筋及致彼死等之罪，依下条所定判断。

> 使军、奴仆之眼、耳、鼻、脚、手指等中，伤断一而非二时，徒五年。脚端、手端等中伤断一节及断筋时，徒六年，二眼、二足、二手双双伤断、断筋等时，徒八年。致彼死则徒八年。[①]

[①] 《律令》卷8《相伤门》，第297页。

第二，权威主义原则。维护西夏社会结构的核心理念是权威主义。《律令》主要通过贯彻等级制与家族制来彰显刑罚中的权威主义适用原则。单从家族制的角度理解权威主义原则，可简略概括为亲属一体、五服制罪、尊长卑幼。《律令》规定的亲属包括血亲和通过婚姻或契约缔结的亲属，可称之为内亲与外亲。《律令》以服制划分亲等，而亲等则是量刑的基本出发点。[①] 并把亲属一体及尊长卑幼的原则贯彻在诉讼、定罪、量刑与执行等各个方面。权威主义原则贯彻于全律，例证俯拾即是。姑举一例，以佐此论。《律令》卷8《烧伤杀门》[②]：

> 亲祖父、祖母、父、母等有意杀己子孙时，杀一人徒八年，杀二人以上一律十年。杀共夫娣姒之之子时，自一以上，不论官，当绞杀。女、子、妻子、媳等应举告父母、丈夫，因举报及他人处谈论等被有意杀时，使与何所举告者较之。其中虽是不应举报语，但当成罪，依次他处谈论，他人已举报未举报、已成不成罪过一样，父母、丈夫等心下记其语，无理有意杀时，杀一人徒六年，杀二人以上一律八年。若女人、子、媳非对父母、公婆、妇人丈寻恶，当减其罪过，亲身劝而未听，然后他人处谈论，使人劝之，他人有无举报，一律因所说恶语而有意杀时，杀一人徒十年，杀二人以上一律得徒十二年。……节上人与节下人等相互因口角争斗动手，致节下人死者，依他人殴打争斗相杀法判断。对自三个月丧服至一年丧服节上人殴打争斗动手而杀时，庶人以剑斩。

第三，犯罪时法主义原则。犯罪时法主义原则就是定罪量刑时依据的原则。西夏实行时法主义原则不是很明显，但也并非无迹可寻。正如《律令·颁律表》所云："……臣等共议论计，比较旧新《律令》，见有不明疑碍，顺众民而取长义，一共为二十卷，奉敕名号《天盛改旧新定律令》。印面雕毕，敬献陛下。以敕所准，传行天下，着依此新《律令》而行。"可见《律令》并非一成不变，而是根据社会生活的变动而屡经修纂，反映了犯罪时法主义原则在西夏司法实践中的应用。

---

① 《律令》卷2《亲节门》，第134页。
② 《律令》卷8《烧伤杀门》，第294页。

此外，还采取了累犯、再犯加重处罚的原则，数罪并罚的原则，自首减免的原则，主犯从重的原则，以及以功抵过的原则等，因学界已有详细论述，在此从略。①

要之，西夏的刑种、罪名以及刑罚的适用原则大都源于唐宋律，并根据西夏社会生活的需要与特点作了相应的调整与修改，主要凸显了畜牧业在西夏社会生活中主导性产业的重要性以及西夏社会分层结构。等级制是其决定性的刑罚适用原则，《律令》主要通过贯彻等级制与家族制来彰显刑罚中的权威主义适用原则。此外，还采用了犯罪时法主义原则，累犯、再犯加重处罚的原则，数罪并罚的原则，自首减免的原则，主犯从重的原则，以及以功抵过的原则。

第二节　西夏的诉讼制度

一　审判组织

大体来说，中国自秦汉时期就设中央与各级地方审判机构，其实并没有独立的审判职能部门，由地方行政官员执掌其事为历代通例。唐代审判机构，初审审判机构有县及在京诸司，负责审理其辖区内发生的案件，拥有相当于杖刑以下犯罪的判决和执行权限，徒刑以上的案件则不能自行判断，按规定要附上断罪案卷，移送给各自的上级审判机构州或大理寺。州和大理寺拥有自行判决和执行徒刑级别犯罪的权限。至于流刑以上，则附上断罪案卷移送尚书省刑部。死刑则实行复核制度，须由皇帝最后裁决。

宋代的审判机构及其职权基本上承袭唐制，从中央到地方有一套审判体系，按不同审级确定了不同的审判权，根据犯罪对象又设有兼理审判机构和临时审判组织，使宋代的审判体系更加完备。大理寺是中央最高审判机构，但奏裁重案和诏狱，则由皇帝指定朝臣组成临时性的特别审判机构"制勘院"审理，最后由皇帝直接决断。宋代作为中央监察机构的御史台拥有重大疑难案件及诏狱的审判权，亦是法定上诉机关。两宋的京师开封府和临安府是特殊地区的司法审判机构，由知府摄行其权。

---

① 详细论述可参见杜建录《〈天盛律令〉与西夏法制研究》，宁夏人民出版社2005年版，第65—68页。

宋代地方审级主要是州（府、军、监）和县两级，元丰改制后作为中央派驻诸路的监司也拥有死刑的复审权和受理上诉案件的权力。宋代的州，由知州和通判总理州事和主掌审判权，接受县级审判机构呈报的徒罪以上刑案，亦受理上诉的民事案件。北宋中前期，州拥有徒、流罪及无疑死刑案的终审权。元丰改制后，死刑的判决权归于提刑司，州只有徒、流罪的判决权。宋代州级的审判官员，在知州、通判之下，有专职司法的录事参军、司理参军、司法参军及判官、推官等。其法定审判机构有州院和司理院。宋代的县是司法审判活动的基层单位，是刑事案件的初审机构。县无专职司法官员，其审判活动主要由知县或县令兼理。县级对刑事案件的判决权，仅限于杖以下罪，徒以上的刑狱仅有预审权，即将案情审理清楚，提出处理意见，送州复审断决。

宋代除了从中央到地方的法定审判机构之外，有些行政部门对某些案件亦有审理权。枢密院是中央最高军事行政机构，有监督审判军人案件之权。而各级军事管理机关，则有权审理所属军人的犯罪案件。宋神宗元丰改制前，三司是中央最高财政管理机构，由盐铁、度支、户部分部设有专门审理经济案件的判官、推官，受理中央与地方财政案件。元丰改制后，于户部置推勘检法官，有权受理监司州县不直的民事上诉案件，或由本部审理，或转由监司州县更审，皆由户部决定。实际上宋代户部是民事案件的最高审判机关。临时审判组织主要指对重大疑难案件的审理，由朝廷临时选派重臣组成临时性的审判机构。从其组织形式看，宋代主要有"案议""制勘院""推勘院"三种。

宋代赋予行政机构复核刑案的职权，从而使行政干预司法在宋朝更加突出。审刑院的创置，是皇帝直接控制司法权的典型表现，神宗元丰改制，将审刑院的职权罢归刑部，复了刑部详议、详复职能，终宋无大变化。宋代中央的最高行政机关是中书门下，最高军事行政机关是枢密院，号称"二府"，位居司法机关之上。天下疑谳，由其集议裁决；大理寺、刑部用刑不当，中书有权论证刑名。宋代军人犯死罪或流罪及配军罪人宽减移配，皆由枢密院审核，加强了对军人案件审判的控制。

西夏审判机构的设置与唐宋有类似之处，但各级审判机构的审判权限与唐宋有所不同。西夏有比较完备的审判机构，分中央与地方各级审判机构。中书、枢密为西夏最高行政、军事机关，也是西夏的中央审判机构。边地、京师畿内诸司所判劳役罪，要上中书、枢密，由中书、枢密裁决。

擅自判决，"有官罚马一，庶人十三杖"①。边中诸司所判无期、死刑案件，当报经略职管司，以待谕文。不隶属于经略的啰庞岭监军司，"自杖罪至六年劳役于其处判断。获死罪，长期徒刑，黜官、革职、军等行文书，应奏报中书、枢密，回文来时方可判断"②。"诸司判断公事时，未合于所定律令，有失语，当举语情，当引送中书内定之。"③ 可见其兼有民事、刑事审判、监督与复核职能，是西夏最高审判机构。西夏承袭了唐宋审判制度，同唐宋时期的御史台一样，作为中央监察机构的御史台，具有重大疑难案件及诏狱的审判权，亦是法定上诉机关。"诸人有互相争讼陈告者，推问公事种种已出时，京师当告于中兴府、御史，余文当告于职管处，应取状。"④ 审刑司为西夏十六司之一，根据唐宋制度，尤其是宋代审刑院的职能推测，该机构应是刑事复核机构。另有陈告司，与审刑司一样属于中等司，似乎也是审判机构，但具体职能尚不清楚。殿前司是次于枢密的军事管理机构，同时也兼理司法，主要是对使军犯罪审判的复核与监督。《律令》规定，使军"册不□□□京师者当向殿前司、边中者当向经略司等行文引送，经略司与殿前司亦各自处，如其记已判断，及诸司引送多少等，相总计记簿而行，列犯罪者名，属者为谁，地名何处，使细细表示。假若因公当向摊派处出工时，前述使军因罪刑期未满者当行，服刑已满□后，应分置其他何处当分置"⑤。西夏甄匦司居次等司，应是中央司法监督机构之一。甄匦司居次司。如对中央与地方的判决结果不服，当事人"当入状于甄匦中，甄匦司人当问告者，如何枉误，有何争讼言语，当仔细明之"⑥。

　　西夏地方各级审判机构主要包括中兴府、经略司、监军司以及州（府、郡、军）县两级地方政府。中兴府是西夏京畿地区的行政机构，与两宋的京师开封府和临安府相同，也是特殊地区的司法审判机构。西夏前期监军司为地方最高军事机构，后期又在监军司之上设置经略司，地方重大军事、行政、司法事务一般都要报告经略司。诸司所判死刑、劳役以及

---

① 《天盛律令》卷20《罪则不同门》，第603页。
② 《天盛律令》卷9《事过问典迟门》，第317页。
③ 《天盛律令》卷20《罪则不同门》，第609页。
④ 《天盛律令》卷9《越司曲断有罪担保门》，第338页。
⑤ 《天盛律令》卷2《戴铁枷门》，第157页。
⑥ 《天盛律令》卷9《越司曲断有罪担保门》，第338页。

革官、职、军、罚马等,"刺史人当察,有疑误则弃之,无则续一状单,依季节由边境刺史、监军司等报于其处经略,经略人亦再查其有无失误,核校无失误则与报状单接。本处有无判断及尔后不隶属于经略之各边境、京师司等,皆依文武次第分别当报中书、枢密"①。前已述及,监军司还有重要审判职责。西夏的地方州(府、郡、军)县既是行政机构,又是审判机构。《律令》规定,府、军、郡、县审刑中,死罪与无期徒刑要"报经略职管司等,当待谕文"②,说明其审判权限至于长期徒刑,审判权限比唐宋地方审判机构的权限要大得多。

二 诉讼制度

中华帝国的司法体制如同其政治体制一样,具有高度集权化特点,并没有独立于政治体制之外的法律职业者。所有的案件最初都由基层行政机构处理。唐宋时期对刑事犯罪并没有专门提起公诉的机构,一般均由被害人及其亲属直接向官府提起诉讼,或由各级官府纠举犯罪。起诉方式主要有自诉、告发、自首及纠举数种。

西夏诉讼方式主要为自诉与举告。《律令》支持受害人自诉。③《律令》对民事、刑事案件也采取了"民不举,官不究"的原则,默许民间自行和解。一旦自诉,则不许两造私自和解。如《律令》卷8《夺妻门》明确规定"因他人夺妻,已告有司,事后不许和解,依法判断。未报则事前允许和解,不许他人举报。若违律时,有官罚马一,庶人十三杖"④。并规定了自诉的有效期限为一年,逾期无效。⑤ 同时,规定不许越级上告,若然,则上诉者与受诉者均受惩处。《律令》卷9《越司曲断有罪担保门》对此有明文规定,如"诸有公事而未问显明,此后不许越司另告他处而不告于局分。若违律时,告者、取状者等有官罚马一,庶人十三杖"⑥。

《律令》对于西夏臣民举告的法律责任曾予以明确规定。臣民对犯罪

---

① 《律令》卷9《诸司判罪门》,第323页。
② 《律令》卷9《事过问典迟门》,第317页。
③ 《律令》卷3《催索债利门》,第188页。
④ 《律令》卷8《夺妻门》,第300页。
⑤ 《律令》卷8《为婚门》,第311页。
⑥ 《律令》卷9《越司曲断有罪担保门》,第337页。

行为有举告义务,如知情不举则要承担相应的法律责任,但不能越级举告。《律令》采取"亲属相隐"原则,对亲属之间、主仆之间的举告资格进行了严格限制。《律令》卷13《许举不许举门》规定,尊长犯"十恶"罪服制内子孙可如实举告;伯祖父母、父母、庶母等为子、孙、媳所杀的犯罪行为;妻子、媳可举告公公、婆母、丈夫;九个月至一年丧服节上、节下亲属之间互相举告有以下罪行:谋逆、失孝德礼、叛逃、内宫淫乱、对帝随口出恶言,杀及主谋杀亲祖父母、父母、庶母等,诋毁国家、撒放毒药、咒人死、盗中杀人、有意杀人,以及对亲母、岳母、庶母、姑、妹、女、媳等行不轨。使军、奴仆可举头监以下罪行:十恶中获死罪、长期徒刑及他罪中获不论官死罪,以及杂罪中以下罪行:亲手盗取畜谷物、军人匿官马铠甲而卖之、铸钱敛钱等种种罪行中获死死罪,盗窃并变卖敕禁、私制曲中获长期徒刑以及死罪。① 除了法律明确规定可以举告的罪行外,其他犯罪不许卑幼以及亲属之间举告。"诸人犯罪中,因要言可相举告一类,当一一分明。除此之外,犯其余种种罪时,节上下允许相隐罪,不许告举。违律告举时,罪行依条下所定实行……至九个月以上丧服节上下不许相告举。若节下举节上时,犯罪者应得徒二年以内罪,则不论大小,举者之罪徒二年。若举情重于彼,则当比有罪人减一等。若节上举节下者时,当比前述节下举节上罪减一等,犯者罪勿治。若他人共同犯罪,则当推问,他人当依法承罪。"简而言之,凡是侵犯皇权、家长权威以及违反家庭伦理的罪行,五服内亲属必须据实告官,体现了国家意志的强制力;除此之外,尊长犯法,卑幼告发,就是犯罪,当依律论处,体现"为亲者讳"的亲属相隐原则。使军、奴仆不应举头监而告举者,与前述节下举节上中九个月以上丧服时推问承罪法相同,体现"为尊者讳"的等级原则。总之,《律令》深受中原法律的影响,对长幼、主仆间的举告进行了严格限制,体现了儒家文化"亲亲""尊尊"的等级制观念。同自诉时限相同,《律令》规定的举告时限也是一年。② 为了防止诬告,《天盛律令》规定举告不实者实行反坐,量刑极为严苛。"诸人自叛逃以上三种举言虚者,判断已至,则本人不论主从,不论官,依谋逆法判断,家门当连","判断未至,则受不受问杖一样,举虚者造意以剑斩之,家门当连

---

① 《律令》卷13《许举不许举门》,第444—447页。

② 《律令》卷8《为婚门》,第311页。

坐。从犯不论官,当绞杀,家门勿连坐。其他十恶罪及种种杂罪举虚者,"被告人已被缚制,则受未受问杖一律与所举罪相当"①。从中可直观地感受到西夏统治者希图通过刑罚系统以达到社会控制的目的。《自告偿还解罪减半议合门》规定了不同阶级的人犯盗窃罪而有自首情节的减刑标准,说明自首是西夏诉讼的主要方式之一。

三　拘传与囚禁

《律令》卷13《派大小巡检门》集中规定了巡检的选任及其职责。西夏巡检分为小巡检、都巡检以及巡检勾管,其中巡检勾管为巡检管理者,拘捕人犯者为捕盗巡检。京师界巡检勾管从大都督府任职臣僚中选任,边中巡检勾管从监军、同判、习判派,任职一年即迁转。其职责主要是督促各级巡检机构。捕盗巡检的职责就是拘捕人犯。边中监军司五州地诸府、军、郡、县等地方中所派捕盗巡检者,当选派勇武强健、胜任职责之人,按地方广狭、刑事案件数量多少来派遣捕盗巡检。西夏法律还规定了捕盗的时限,若有延误,应追究巡检的刑事责任。"巡检人捕强盗、偷盗时,三日以内管事当派都巡检,令其十日以内集问之时,当引导于所属司内。若彼逾所示日期,管事处派迟缓及管事人不令而延误等时,罪依以下所定判断。"《律令》规定了巡检受贿徇私或懈怠失职的法律责任。巡检因受贿徇情不捕人犯或释放人犯,"断与盗人同",受贿多则以枉法贪赃论处。"捕盗巡检未巡行于所属地方而懈怠之,致家主中人盗诈、取畜物者,盗人确为他人捕得之,盗应获死时(巡检)徒二年,获长期时(巡检)徒一年,获六年至四年时(巡检)徒六个月,获三年至一年时(巡检)徒三个月,获月劳役时(巡检)十三杖,杖罪(巡检)勿治罪。"对捕盗有功者则予以奖赏。《派大小巡检门》详细规定了对捕获犯死罪、长期徒刑、短期劳役者的奖赏等级及物资,足见《律令》对拘捕工作的重视。

《律令》规定由专职传唤差人负责传唤工作。诸司传唤、催促时无法派遣差人本人时,经本司大人同意可另派他人。随意派遣无职者,有官罚马一,庶人十三杖。诸司派遣传唤差人时应先由小监注册,然后经承旨、习判等处依地程远近而量之,给以限期。如果差人逾期传唤被告人,迟缓

---

① 《律令》卷13《举虚实门》,第449页。

一至五日笞七杖,六至十日笞十三杖,十一至二十日笞十五杖,二十日以上一律笞十七杖。差人当差期间逃匿,二十日以内者按照以往唤被告人稽缓法判断,二十日以上一律徒二年。

被告人接到差人传唤时,应在规定的时间内到传唤处,不得拒传唤或殴打差人,否则应依法治罪。若差人奉旨传唤,拒绝传唤而殴打差人者判无期徒刑,前往传唤处而殴打差人者徒五年,拒绝传唤而未殴打差人者徒三年。诸司差人传唤,被告人不听传唤而打差人者徒二年,来唤处而打差人者徒一年,不听传唤但不打差人则徒六个月。"若所唤人之罪比打差人之罪小及无罪等,则依前述法判断,有比之罪重及罪行相等,则依推问虚供法判断。"被告人殴打差人时,相助殴打差人者依被告人殴打差人之从犯论处。被告人由于感染疾病、醉酒等原因未能前往传唤处则不予治罪。被告人前往传唤处时,不许对其无理拷打,违律者受贿少则徒六个月,受贿多则与枉法贪赃罪比较,择一重者定罪处罚;违律者未受贿,对被告人无理拷打则徒三个月。差人诬告被告,谎称被殴打,或被告人听从传唤而谎报其不来,则差人反坐,其行为"与被告人打差人及不来等同样判断"①。

《律令》明确规定了官僚在法律适用上的特权。贵族官僚囚禁时"不许置木枷、铁索、行大杖,若违律时徒一年。其中行一种大杖者,有官罚马一,庶人十三杖"②。

《律令》对监守法律责任的规定,一则体现了保护囚犯的精神,二则体现了对监守人员的监管。囚犯自杀,监守要负法律责任。囚犯畏罪自杀,不追究坚守者的责任;囚犯因受拷掠恐吓自杀,枉逼将当绞;因争斗恶语恐吓而自杀,徒十二年,戏言恐吓,徒五年。如果枉逼、恐吓者是使人、都监,则比前述之罪状各减一等;犯人索刀、铁棍、绳索等毁身用具,监守予之,犯人自杀未死,监守徒一年,已死徒二年;去囚犯手铐,使其搜寻器物自杀,以同罪论处。

监守虐囚,主要是囚犯有病不医,克扣囚犯狱粮、衣服等,致使囚犯瘐毙。其中死一至五人,大人人、承旨徒一年,五至十人徒二年,十人以上至十五人徒三年,十五至二十人徒四年,二十人以上一律徒五年。脱放

---

① 《律令》卷13《遣差人门》,第464—466页。

② 《律令》卷9《行狱杖门》,第324页。

囚犯，监守承责。都监、小监等受贿而脱放囚犯，及未受贿而无意间脱囚，限三个月以内寻得囚犯。逾期不得，则承罪责。"实未得，则放有逆重罪者家门人应连坐。"

都监受贿脱囚，脱者为死罪及长期徒刑者徒六年；六年至三年短期徒刑者徒二年；二年至六个月徒刑者徒三个月；失获三个月徒刑者十杖。监守因失误脱囚，脱者为死罪及长期徒刑者，寄名人徒三年；失六年至三年徒刑者，徒一年；失二年徒刑者以下者，十三杖。都监、小监脱死罪及长期徒刑者，徒一年，失短期徒刑者，十三杖。无大人谕文判写，不许放囚，若违律放囚，与有罪人相等。

《律令》严禁劫持囚犯。采用暴力劫持犯谋逆罪之死囚，造意不论官，一律斩杀，从犯庶人当绞杀；劫出长期徒刑犯，造意当绞杀，从犯十二年；劫出短期徒刑犯，造意徒八年，从犯徒六年；劫出杖罪犯，造意徒三年，从犯徒二年；因未入手，杀伤监守时，杀一人造意不论官，以剑斩，从犯无期徒刑；杀二三人无论主从官庶，皆剑斩；造意者同居子女连坐，入牧农主中。

除"十恶"罪及杂罪中获死罪者不许担保外，其他获短期徒刑者有疾病、恶疮、妇人怀孕等，则遣人按视，若疾病属实，则保外就医，妇女监外分娩，一月后再行推问。如不实，验视者有官罚马一，庶人十三杖。受贿则与枉法贪赃罪比较，从其重者判断。如果囚犯确有疾病、恶疮及女囚怀孕等，不允保外就医而先行判断者，"其致死时徒三年，落胎儿则徒二年，未致者有官罚马一，庶人十三杖"[①]。

综上所述，西夏的审判机构由中央审判机构与地方各级审判机构组成，行政机构与审判机构合二为一，与唐宋审判机构大同小异，一定程度上模仿了唐宋审判机构的设置。诉讼制度贯彻了卑幼不能举告尊长、奴仆不能举告主人的等级制原则，但一旦涉及威胁皇权以及侵害家庭伦理的犯罪，则卑幼奴婢必须举告，彰显了《律令》对社会秩序的控制力，拘传与囚禁制度里保护囚犯生命的法律规定，其出发点也是稳定与控制社会秩序。究其实而言，不论是制度层面还是精神层面，《律令》与中原法典有千丝万缕的联系。

---

① 《律令》卷9《行狱杖门》，第324—336页。

第三节 西夏的审判制度

一 审判管辖与审理期限

审判管辖是审判系统内在审判第一审刑事案件上的权限分工。审判管辖包括普通管辖和审判第一审刑事案件上的权限分工。审判管辖包括普通管辖和专门管辖。普通管辖又分级别管辖和地区管辖。级别管辖是指上、下级审判机构之间在审判第一审刑事案件上的权限分工。地区管辖指的是同级审判机构之间在审判第一审刑事案件上的权限分工。

西夏的审判管辖以级别管辖为主,很少涉及地区管辖。《事过问典迟门》规定:"不系属于经略之啰庞岭监军司者,自杖罪至六年劳役于其处判断。获死罪、长期徒刑、黜官、革职、军等行文书,应奏报中书、枢密,回文来时方可判断。官□□□□者当送京师。"则不属经略司管辖之啰庞岭监军司的审判权限是自杖罪至六年劳役。在京师各司审理的案件中,获无期徒刑、死罪等,当奏报于中书、枢密所管事处,赐予谕文,可知京师各司的审判权限自笞杖刑至长期徒刑。边中监军司府、郡、县审理的案件中,应判处死刑、无期徒刑的人,于所属刺史刑中,应报经略职管司等,以待谕文,可知边中监军司府、郡、县审判机构具有审判长期徒刑以下案件的审判权限。[①]

《诸司判罪门》规定:

> 国境中诸司判断习事中,有无获死及劳役、革职、军、黜官、罚马等,司体中人当查检,明其有无失误。刺史人当察,有疑误则弃之,无则续一状单,依季节由边境刺史、监军司等报于其处经略,经略人亦再查其有无失误,核校无失误则与报状单接。本处有无判断及尔后不隶属于经略之各边境、京师司等,皆依文武次第分别报中书、枢密。至来时,所属案中亦再与律令仔细核校,有失误则另行查检,无则增于板簿上,一等等奏闻而告晓之。若诸司人未依季节而报,而

---

① 《律令》卷9《事过问典迟门》,第317页。

中书、枢密局分人未过问等，一律依延误公文判断。①

这段律文明确规定了死刑、劳役（实即流配）以及官员革职、军、黜官、罚马等案件的审判与上报程序，进一步说明了西夏审判管辖以级别管辖为主的特点。由于边中监军司府、郡、县审判机构的审判权限为长期徒刑以下案件，一旦有死刑、劳役等案件则经认真核实后上报经略司，再经经略司核实后上报中书、枢密机构，最终经中书、枢密机构依律定谳。中央直属之各边境司、京师司等"依文武次第分别报中书、枢密"，除涉及死刑、劳役案件的终审权归中书、枢密机构之外，说明军事案件的审判权也归中书、枢密机构，根据宋代审判机构审判权限的推测，西夏枢密机构可能专司军人违法案件的审判。"未依季节"这样的法律表述，可能涉及死刑一般在秋冬行刑，禁止在春夏两季执行死刑的中原法律文化传统。根据中原王朝秋审程序推测，西夏死刑等案上报中书、枢密机构的截至时间应该是秋季之前，然后是中书、枢密机构组织的秋审。这显然是受中原法律文化与秋审程序影响的结果。

《律令》规定了审理期限。如果审判人员未能在审判限期内结案，《诸司判罪》规定："诸司问公事限期：死刑、长期徒刑等四十日，获劳役者二十日，其余大小公事十日期间问毕判断。若彼期间问判不毕时，局分中都案、案头、司吏，庶人十三杖，有官罚马一。当事人不全备，则勿计入前述日期中。"②

二 证据查验与刑讯

《律令》中有较多内容涉及人证、物证及证据查验，足见证据之于审判的重要。《律令》关于证人的主体资格的限定，贯彻了封建等级制的基本原则。主要表现为除"十恶"及悖逆人伦的罪行外，卑幼不能举告尊长，奴婢不能告主。《律令》规定证人必须如实作证，否则要承担刑责。《律令》同时规定对诬告者施行反坐，以杜绝伪证。《律令》亦重物证，并重视犯罪现场的勘验。《搜盗踪迹门》规定："诸人已盗，畜物主人已握踪迹，到他人家处寄放已搜取，畜物突出，则可捕捉盗人，与畜物一起

---

① 《律令》卷9《诸司判罪门》，第323页。
② 同上书，第324页。

第三章 西夏的刑罚与司法制度——与唐宋律为中心的比较研究

当于局分处告发。"如果案件缺乏物证而后物证出现则可依法判决，否则，在提供担保的情况下应对犯罪嫌疑人释放。"诸人已行盗诈，畜、物主人已握踪迹，已到他人家处放置，不知路数，强横不让搜时，当使知明踪迹所在，告于局分处使传唤问讯，盗物出则依法判，盗物仍未出则当使识信三人担保而放之。因先强横不让搜，有官罚马一，庶人十三杖。畜物属者当另寻举告。"由此可见《律令》对物证及现场勘验的重视。

传统法律在理论上宣扬人道主义精神，并不赞成逼供，刑讯乃迫不得已而为之。唐代规定"诸察狱之官，先色备五听，又验诸证信，事状疑似，犹不实首，然后拷掠"[①]。实则拷打凌虐，严刑逼供，人犯不胜酷刑屈打成招是常态。刑讯成刑侦之必要手段，西夏概莫能外。《律令》相关条文反映了这一点，并对刑具、刑讯办法等做了明文规定。

西夏的刑具有杖、枷、铁索、铁锁等。《律令》对刑杖、木枷的形制有较详细的规定。刑杖之材料、长短、粗细、重量等有严格规定，前文已述及，此不赘述。《律令》并有"写新年日"字样，文义含混，但似乎跟刑杖制造日期有关。木枷长三尺九寸，宽三寸半，厚一寸半。铁索、铁锁形制不详，"京师令三司为之，边中令其处罚贪中为之。木枷、大杖等上当置有官字烙印"[②]。可见刑具有完备形制，制造归官府控制，从某种意义讲是慎刑理想的体现。

《行狱杖门》规定刑讯的种类与数量，并明确规定有司要将刑讯数量记录在案。"知有罪人中公事明确而不说实话，则可三番拷之。一番拷可行三种，答三十，□为，悬木上。彼三番已拷而不实，则当奏报。彼问杖者，当言于大人处并置司写，当求问杖数。"私自刑讯、受贿徇情以及超过明定杖数，则要追究刑讯者的刑责。"自专拷打□为等时，有官罚马一，庶人十三杖……受贿徇情，不应拷而拷之，令其受杖数超于明定数等，一律答三十以内者有官罚马一，庶人十三杖，答三十以上至答六十徒三个月，答六十以上至九十徒六个月，答九十以上一律徒一年。于已受问杖数以外，再令自一番至三番以上屡屡悬木上，已怜受苦楚，则依次加一等。受贿则当以枉法贪赃论，从其重者判断。"在刑讯过程中，如果疑犯死亡，则根据无意或故意划分法律责任。依法刑讯致人犯死亡的，不构成

[①] [日] 仁井田陞：《唐令拾遗》，长春出版社1989年版，第713页。
[②] 《律令》卷9《行狱杖门》，第324页。

犯罪，否则以故意杀人罪或枉法借故杀人罪等惩处。《律令》规定："依法拷打而致死者，未有异意，限杖未超，则罪勿治。超过时，杖致死徒二年。若虽超而未亡，则有官罚马一，庶人十三杖。无杖痕而因染疾病致死者，勿以杖致死论，当与已超过而未死□□相同。若怀他意，被告人自己诉讼，所诉是实，知证分白时，有意无理打按死者，依有意杀法判断。若他人说项，受贿徇情而无理打拷，令杖数超而死时，依枉法借故杀法判断。"①

《律令》此条一方面预防、打击司法审判中的职务犯罪，另一方面对疑犯的生命安全有一定保护作用。

三　上诉与死刑复奏

古代申诉，一是人犯或其亲属向原审机构提起申诉，即录问翻异或临刑称冤；二是上诉，即向上级审判机构提出申诉。《天盛律令》反映的主要是上诉，根据《天盛律令》卷9《越司曲断有罪担保门》的相关规定，人犯不服判决，可逐级上诉，但越级上诉而告御状或上诉不实，则要加刑。上诉的程序大体是：局分都案、案头、司吏枉误时，当告于所属司大人，所属司大人有枉误时，则入状于甄匦司，甄匦司人亦枉误，则当依文武次第报于中书、枢密。中书、枢密人亦枉误，则可告御前而转司，另遣细问者奏量实行。其中无故越司而告御前并击鼓等时，徒三个月，情由当问于局分。②

为维护审判公正，《律令》规定审判人员受贿枉判、徇情枉判以及误判应负法律责任。③ 为了防止审判人员枉法裁判，《律令》加强了司法监察。专设律案检一人，主要对已审理案件所引律令是否正确以及审判人员有无受贿徇情等违法裁判情形进行审查和监督。④

终审判决权归皇帝所有。应赎减死，"十恶"罪之绞杀，一般死罪等要上奏皇帝裁决。"无期徒刑及三种长期徒刑中，应奏不奏，擅自判断，不应赎及应赎未使赎等，当以人数多少判断，一人徒三年，二人徒五年，

---

① 《律令》卷9《行狱杖门》，第326—327页。
② 《律令》卷9《越司曲断有罪担保门》，第337页。
③ 同上书，第340—341页。
④ 《律令》卷9《事过问典迟门》，第322页。

三人以上一律徒六年。若有官以官品当。"还有"诸司所判断中，原罪虽应获死，然而若按应减，有官等减除后，不及死，而应得长期、短期徒刑，有能与官职当者，一律当告奏。若违律不奏而判断时，徒一年"①。重大案件上奏皇帝裁决，以及死刑最终审裁决权收归由皇帝掌控的中央最高行政机构，加强了皇权对司法审判权的控制，从而强化了西夏皇权对整个社会的控制。

综上所述，西夏的审判管辖以级别管辖为主，很少涉及地区管辖。州（府、郡）县审判机构具有审判长期徒刑以下案件的审判权限，比唐、宋州（府、郡）县只能判决笞杖刑的审判权限要大得多。西夏有完整的逐级上报的审判程序，终审裁判权归皇帝所有，反映了西夏皇权对司法审判权的控制。卑幼不能无限制地举告尊长，奴婢不能无限制地告主，体现了举告者的有限主体资格，也体现了封建等级制在诉讼行为中的运用。

---

① 《律令》卷2《不奏判断门》，第151页。

第四章 《天盛律令》中的宗族

第一节 宗族的范围

宗族是家的综合体，是一个血缘单位。西夏的宗族关系忽略了母亲方面的亲属而只从父亲方面来计算，母亲的亲属被称为"外亲"，以区别于本宗。《律令》卷2《八议门》就皇帝的亲族根据五服制作了法律界定，并明确区分了内亲与外亲。"帝之族亲：服五个月至九个月丧服当减四等，服三个月丧服当减三等，未入服当减二等。帝之姻亲：皇太后之亲：太皇太后及皇太后等曾祖父之亲兄弟、姐妹，皇太后祖父之一节伯叔子兄弟、姐妹，皇太后父之二节伯叔子兄弟、姐妹，皇太后身之三节伯叔子兄弟、姐妹。皇后之亲：皇后之亲：皇后祖父之亲兄弟、姐妹，皇后父之二节伯叔子兄弟、姐妹，皇后身之二节伯叔子兄弟、姐妹。"[1]

《律令》卷2《亲节门》根据五服制，将西夏皇族之外之宗族及亲等做了细致的法律界定：

> 族、姻二种亲节，依上下服五种丧服法不同而使区分，其中妇人丧服法应与丈夫相同。
> 应服三年丧：
> 子对父母，妻子对丈夫，父死丈孙对祖父、祖母，养子对养父母，子对庶母，未出嫁在家之亲女及养女。
> 应服一年丧：
> 对祖父、祖母、兄弟、伯叔姨、亲侄，父母对子女，在家之姑、姐妹，在家之亲侄女，丈夫对妻子，父死对改嫁母，祖父长子死对长孙，父母对养子，养子对原来处父母，父死改嫁庶母对往随子，改嫁

---

[1] 《律令》卷2《八议门》，第132—133页。

母对原家主处所遗子,亲女及养女等出嫁后对父母。

应服九个月丧:

对一节伯叔姨、伯叔子兄弟及其在家之姐妹,孙子,在家之孙女,出嫁姑、姐妹女,出嫁侄女,养子对所来处姑、姐妹、兄弟,侄之妻子,对兄弟、侄子等到他处为养子者,母对与原丈夫分离处在家女,亲儿媳,女出嫁后对伯叔姨、姑姐妹、兄弟、甥等。

应服五个月丧:

族亲:

对曾祖父母,二节伯叔姨、姑,从祖父、姐妹及妻子,兄弟之孙,伯叔侄子,二节伯叔子兄弟,姐妹,伯叔子出嫁姐妹,出嫁孙女,曾孙,兄弟之妻,养子对所来处出嫁姑、姐妹及伯叔子兄弟第,祖父、祖母长子死对长孙妻子,出嫁女对自己兄弟和兄弟之子为他人养子,及兄弟子等之妻子,出嫁女对伯叔子兄弟。

姻亲:

对母之父母、舅、姐妹之子,母子姐妹以及其子,同母不同父姐妹,庶母之父母、兄弟、姐妹。

应服三个月丧:

族亲:

对高祖父母、三节伯叔及姑,曾祖之姐妹,及兄弟以及其妻子,三节伯叔子兄弟、姐妹,兄弟之曾孙,祖父之伯叔子兄弟及其妻子并姐妹,伯叔子兄弟之孙,二节们叔侄子及住家未嫁女,玄孙,伯叔子出嫁侄女,兄弟之出嫁孙女,出嫁女对祖父之伯叔子兄弟、妻子并姐妹,孙媳,伯叔子兄弟之妻子。兄弟之孙媳,出嫁女兄弟之孙,出嫁女对伯叔子兄弟之子,母随嫁子与后父家门内同。

姻亲:

对女之子,姐妹等儿子姐妹,舅之子,姑之子,妻子之父母,手子盖,(此亲属称谓意义不明)女儿子之妻子、姐妹儿子之妻子,婿,姐妹子之妻子。①

这种情形与中华法系关于宗族的规定在立法精神上基本一致。外亲和

---

① 《律令》卷2《亲节门》,第134—138页。

内亲的关系极为疏薄，仅限于一世，以母亲为基点，上达其父母，旁及其兄弟姊妹；而下及其同辈兄弟姐妹之子，外祖父母、舅父、舅表姨表兄弟姊妹是边际亲属，越过此限，即无服制。同时，服制极轻，以指示血缘关系之疏薄。外祖父母血亲关系等同于祖父母，而服不过小功，等同于伯叔祖父母。舅姨的血亲关系等同于伯叔与姑，但服等同于堂伯叔父母及堂姑，只是小功。母舅及两姨之子则仅服缌麻，等同于族兄弟姐妹。姑虽属于本宗，但出嫁后就属于异宗，因此出嫁就意味着降服，姑所生子女同本宗族的关系只是缌麻关系。

从父系血缘来讲，凡是同一始祖的男性后裔，都是属于同一宗族团体的族人。亲属范围以世代言之，则包括自高祖至玄孙的九个世代，也就是所谓九族。从服制来说，由斩衰逐级推至缌麻，包含斩衰、齐衰、大功、小功、缌麻五等服制，也就是所谓五服。显然，所谓宗族团体，以四世而斩，缌服为断。服制的范围就是亲属的范围，而服制的轻重意味着亲属间亲疏远近的标准，因此，服制实据两种功能。

家则指同财共居的亲属团体，通常为包括两个世代或三个世代的人口的经济单位。大概一个家庭只包括祖父母，已婚的儿子与未婚的孙辈子女；祖父母过世则同辈兄弟分家另过，家庭只包括父母及其子女，子女若未婚嫁，人口很少超过五六口。但兄弟同坐的连带责任不会因为父母去世兄弟别籍异财而取消。比如，《律令》对谋逆罪（实即中原法典中的"谋大逆"）的惩处，一旦坐实，对谋逆者株连九族，除根务尽。"不论主从一律以剑斩，家门子、兄弟节亲连坐，……"又规定谋逆罪不论是否实施，谋逆者之"儿子、妻子、子媳、孙及孙媳等，同居不同居一样，而父母、祖父母、兄弟、未嫁女姐妹，此等同居者应连坐，当易地居，使入农牧主中。畜、谷、宝物、地、人等，所有当并皆没收入官。其中祖父母、父母、兄弟、姐妹、女等勿没收"。"谋逆者之伯叔、姨、侄等同居与不同居一样，当随其连坐，应易地而居……"①《谋逆门》连坐制间接告诉我们，西夏的家一般是包括两个世代或三个世代的同财共居的经济单位。因亲属犯罪而连坐，是依据五服制所体现的亲等量刑。

中原地区几百口的大家庭是一种例外，只有极其注重孝悌伦理并拥有大量田地的极少数仕宦人家才能办到，非一般家庭所能企及，在现有夏、

---

① 《律令》卷1《谋逆门》，第114页。

汉文献里还没有发现西夏有人口逾百的大家庭，西夏的家就其人口结构与功能而言，与同时代中原地区的家似别无二致。

第二节　父权

一　家长对子女及其他家庭成员的人身占有权

中原地区的家族是父家长制，父兄是统治的首领，家族一切权力都集中在家长手中，家族中的所有人口包括家内奴婢，都在他的管辖之下，集经济权、法律权、宗教权于一身，其中经济权的把持尤为重要。祖先崇拜是绵延、团结家族的伦理核心。家长权力因主祭人的身份而更加神圣化，并更加强大。而国家法律对其继承权的承认和支持，使他的权力更不可动摇。当然，宗长和家长的权限是要予以区分的。在一个包括父母子女的两代人的家庭里，父亲就是家长；在三代人的家庭里则祖父是家长。家长对家中男系后裔的权力是绝对的、永久的、最高的。子女成年后也没有自由权。

西夏的家庭构成，根据《律令》相关条律所见，主要是小家庭，家庭成员为祖父母、父母、子、媳、孙，加上使军与奴婢。除此之外，就是宗族。从《律令》材料看，主要是西夏宗室、外戚及各个部落豪族，与中原地区的宗族还有一些差异。《番汉合时掌中珠》里引用汉典中"父母发身，不敢毁伤也"这样的话，所传递的信息就是子女的生命是父母所赐，当然也归父母所有。而《律令》因为是残卷，家长对家庭成员人身占有的条律并不多见，但从《律令》中家长对使军、奴仆、妻子等绝对占有权的规定推测，西夏的家长对子女的身体自由有绝对支配权。

子孙违反家长的意志，不服管教，父亲可以自行威权加以惩治。中国传统社会承认这种权力，从法律的角度观察，他的这种权力也是法律赋予的。杖责是父亲的一项特权。责打子孙难免重伤致死，在汉人的观念里，当法律制度发展到生杀权完全由国家机构或君主所掌握，父亲绝对没有随意扑杀子孙的生杀权。剥夺生杀权意味着对父权的削弱，扑责随意，但致死就会受到国法惩处。唐宋律不问案由，杀死子孙皆处以徒刑，即便子孙违反教令，也只能较故杀罪减一等；殴杀徒一年半，刃杀徒二年。如果子孙没有违反教令，就是故杀。① 如果子孙没有违反教令，祖父母父母擅加杀害，则必须负故意杀害的罪行。② 元明清律规定，子孙如殴骂不孝，被父母杀死，则父母无罪。非理殴杀，明清律只杖一百，处罚较唐律为轻。违反教令的范围极其宽泛含混，而是否属于非理殴杀，民不举，则官不究。

如子孙违反教令，父母除具有自行惩戒子孙的权力外，还可以请求地方政府代为执行。家庭惩处子孙的权力移送官府由法官以律惩戒，也是对父权的削减。唐宋律处以二年徒刑，③ 明清律则杖一百。④ 不孝的罪名也是父母控告子孙请求官府代管的理由。不孝罪比违反教令罪行严重，法律惩处也重于后者。中原法律对不孝的内容在名例中已经详细列举，如何治罪在相关法律条文中也作了明确规定。而法典列举范围之外的子女对父母的忤逆，父母也可以上告，只要告子孙不孝，司法则不能拒绝。父母以不孝的罪名请求官府处死子女，政府也不能拒绝，即便子女不孝而罪不至死。充分体现了法律对父权的维护，虽然法律撤除了父亲对子女生命的处置权，法律却保留了父亲对子女生杀的意志，只是代为执行而已。但并不是一旦控告不孝，即对被告处以死刑。宋代真德秀知泉州，有母亲告儿子不孝。真德秀审问得实，杖脊于市，髡发居役。⑤ 清代则由内地发配云贵、两广烟瘴地面，除非特旨恩赦或减等发落，则不准援赦。如父母请求释放，法律为体谅亲心，准许释回奉亲。如释回再犯，经父母控告，则加重惩处，发往新疆为奴。⑥ 对不孝子孙的惩处，可以明了祖父母父母对子

---

① 刘俊文撰：《唐律疏议笺解》第22卷《斗讼》，"殴詈祖父母父母"条，中华书局1996年版，第1561页；薛梅卿点校：《宋刑统》卷22《斗讼》，"夫妻妾媵相殴并杀"条，法律出版社1999年版，第394页。(后文引文凡引自刘俊文所撰《唐律疏议笺解》者，因引文均为《唐律疏议》原文，均简称《唐律疏议》，引自薛梅卿点校《宋刑统》者，均称《宋刑统》，特此说明。)

② 《唐律疏议》第22卷《斗讼》，"殴詈祖父母父母"条，第1561页。

③ 《唐律疏议》第24卷《斗讼》，"子孙违反教令"条，第1636页；《宋刑统》卷24《斗讼律》，"告周亲以下"条，第419页。

④ 怀效锋点校：《大明律》卷22《刑律》五，《诉讼》，"子孙违反教令"条，法律出版社1999年版，第179页；张荣铮、刘勇强、金懋初等点校：《大清律例》卷30《刑律》，《诉讼》，"子孙违反教令"条，天津古籍出版社1993年版，第524页。

⑤ (宋) 真德秀撰：《西山先生真文忠公文集》卷40《泉州劝孝文》，载王云五主编《万有文库》第二集七百种，商务印书馆1937年版，第712页。

⑥ (清) 祝庆祺等编：《刑案汇览三编》，《刑案汇览》卷1《常赦所不原》，"触犯未经遇赦犯亲呈恳释回"条，北京古籍出版社2004年版，第31页；《刑案汇览》卷1《常赦所不原》，"触犯改发新疆应查赦款章程"条，北京古籍出版社2004年版，第29页。

女身体自由的决定权。他们不但可以行使亲权，并且可以凭借法律，永远剥夺子女的自由，排斥不肖子孙于家族之外，也意味着其立足社会的权力。说明子女是隶属于父祖的，与家族永不可分离。父母对子女的身体自由具有绝对的支配权，是否剥夺子女的自由完全取决于他们的意志，法律只是规定了范围与具体的办法，并代为执行而已。司法只是形式，实质则是法律维护了父母的亲权，尤其是父权。

处分的伸缩掌握在父母的手中。"子孙一有触犯，经祖父母父母呈送者，如恳求发遣，即应照实际之例拟军；如不欲发遣，止应照违犯之律拟杖。"① 量刑轻重完全遵从父母意志，官方司法机构只是代行惩戒。父母控告子女忤逆不孝无须提供证据。法律明文规定父母控子，即照所控办理，不必审讯。② 子女忤逆顶撞，不是是非问题，而是伦理问题。如法官追问谁是谁非，就是质疑父母是否有过，从而否定家长的权威性，这在以"孝"的理念为家庭伦理核心主旨的时代是不可想象的情景。

《律令》不容许家长对家庭成员有生杀权，家长对家庭成员扑责致死，要负法律责任。但即便是尊长故意杀害家庭成员，只科以徒刑，杀害家庭成员二人以上，最高量刑也只是十年徒刑。《律令》卷8《烧杀伤门》："亲祖父、祖母、父、母等有意杀己子孙时，杀一人徒八年，杀二人以上一律十年。"③ 表面上看西夏量刑重于唐宋。其实不然，唐宋律所定有期徒刑最低一年、最高三年，而《律令》有期徒刑最高量刑为十二年。两相比较，二者的惩罚力度是一致的。

子孙忤逆，一旦告官，《律令》惩处极为严酷。《律令》卷1《不孝顺门》规定："子女对自己亲高、曾祖及祖父、祖母、父、母、庶母，及儿媳对此数等人撒灰、唾及顶嘴辱骂及举告等之罪法：撒土灰、唾等，实已着于身、面上，及当面说坏话、顶嘴等时绞杀。"④ 严酷的刑罚从法律层面支撑家长对家庭成员的人身占有，体现了国家政权对家长权威的维护。

---

① （清）祝庆祺等编：《刑案汇览三编》，《刑案汇览》卷1《常赦所不原》，"触犯拟军脱逃遇赦准其查询"条，北京古籍出版社2004年版，第28页。
② 《大清律例》卷28《刑律》，《斗殴》下，"殴祖父母父母"条，第497页。
③ 《律令》卷8《烧杀伤门》，第294页。
④ 《律令》卷1《不孝顺门》，第128页。

二　家长的财产权

历代法律明确规定同居卑幼不能蓄有私财，没有家长许可不可以私自擅用家财，并按擅用家财的价值决定刑罚的轻重，少则笞数十，多则杖一百。① 卑幼更不能私自典卖家中财物。②

父母健在而子女要求分产别籍异居，中华法系将之列为不孝，处罚比私擅用财更重。唐宋法律一般处以三年徒刑，明清则杖一百。③ 祖父母、父母死后丧服未满，依然不能异财别籍。④ 法律对家长独占家庭财权的维护不遗余力，甚至认定子女也是家长的所有物，可以典质出卖，子女的独立人格无法自主或得到法律的保护，家庭成员本身被物质化了。

法律承认父母对子女的主婚权，并以法律的强制力作为支持。这是父权重要性的另一个方面。父母的意志是子女婚姻存续或撤销的先决条件，而子女的意志被排除在自己的婚姻之外。

父家长是一家之主，家庭成员都在他的统治之下。司马光所谓"凡诸卑幼事无大小毋得专行，必咨禀于家长"⑤。法律上提到家长权威时往往父母并举，而严格来说，父权实即家长权，只有家庭中的男性成员才能行使家长权，女性被排除在外。家长权只能是父权而不是母权。母权附属于父权，其延续性取决于父亲的意志；在家庭中母亲服从于父亲，其权威性不是最高的、绝对的。当父母意志相冲突时，子女最终还是服从父亲的意志，家中的最高主权仍然是独一无二的父权；以丧服而论，也明确体现父尊母卑，父权独尊。如父亲健在，孝子只能为母亲服期丧，唐玄宗开元

---

① 《唐律疏议》卷12《户婚》上，"同居卑幼私辄用财"条，规定十匹笞十，十匹加一等，最高杖一百，第960页；《宋刑统》卷12《户婚律》，"卑幼私用财"条，第221页；明律规定二十贯笞二十，每二十贯加一等，罪亦止杖一百。参见《大明律》卷4《户律》一，《户役》，"卑幼私擅用财"条，第51页；清律规定十两笞二十，每十两加一等，罪至杖一百。参见《大清律例》卷8《户律》，《户役》，"卑幼私擅用财"条，第201页。

② 《宋刑统》卷13《户婚律》，"典卖指当论竞物业"条，第131页。

③ 《唐律疏议》卷12《户婚》上，"子孙别籍异财"条，第936页；《宋刑统》卷12《户婚律》，"父母在及居丧别籍异财"条，第216页；《大明律》卷4《户律》一，《户役》，"别籍异财"条，第51页；《大清律例》卷8《户律》，《户役》，"别籍异财"条，第201页。

④ 《唐律疏议》卷12《户婚》上，"居父母丧生子"条，徒一年，第936页；《宋刑统》卷12《户婚律》，"父母在及居丧别籍异财"条，第116页。

⑤ （宋）司马光撰：《书仪》卷4《居家杂仪》，文渊阁四库全书本，第43页。

时才改为齐衰三年，直到明代才父母一律斩衰三年；如丈夫亡故，母亲反要从子而居，受儿子的支配。

《律令》规定卑幼可以分享家庭财物，但卑幼不能存有私财；未经家长允许，卑幼也无权典卖家中财产；分家析产，决定权属于家长。《律令》卷11《分用共畜物门》："诸人父子、兄弟一同共有之畜物，不问户主，子孙、兄弟、妻子、媳等背后分用者，若为所分用则不须治罪、赔偿。不应处已分用，则五缗以下罪勿治，五缗以上一律有官罚马一，庶人十三杖，所分用畜物当还属者。子孙等未分住，则量畜物以分家论。其中与父母分用者，罪勿治。"① 与唐宋律相比，《律令》处罚显然较轻。

《律令》明文规定，未经父母同意，卑幼不可异籍别居。处罚重于未经家长同意而分析、典卖家产。《律令》卷20《罪则不同门》规定："诸人父母不情愿，不许强以谓我分居另食，若连违时徒一年，父母情愿则勿治罪。"《律令》编次混乱，前后重出，此条又见《律令》卷11《出典工门》。② 家长拥有家庭财产的处分权。"诸人先已分卖畜、人、物、田地、帐舍等，尔后不许属者改口追告及节亲子弟追告。倘若违律时徒六个月，畜物为依先所分卖者。"③《律令》卷11《出典工门》严禁子女典质父母。"诸人不许因官私债典父母。倘若违律典之时，父母情愿，则典之者当绞杀，父母不情愿而强典之者，依第一卷子殴打父母法判断。"④ 虽然《律令》没有父母典质、略卖子女的条文，但丈夫略卖妻子，《律令》则有明文。"诸人略卖自妻子者，若妻子不乐从则徒六年，乐从则徒五年。其妻及父、兄弟及其他人举告，则妇人当往所愿处，举告赏依举告杂罪赏法得之。若妻丈夫悔而告者，则当释罪，妻及价钱当互还。"⑤ 这则律文也说明西夏的家长权势父权，母权从属于父权，父权是独一无二的。根据此条以及中原法律的相关律条推测，父母至少可以典质子女而不受法律惩处。

《律令》卷8《为婚门》的有关律文说明西夏买卖婚姻的事实，子女

---

① 《律令》卷11《分用共畜物门》，第411页。
② 《律令》卷20《罪则不同门》，第609页。《律令》卷11《出典工门》，第390页："诸人父母不情愿，不许强谓'我另往别住'，若违时徒一年。父母情愿，则罪勿治。"律文个别字词有别，意思完全一致。
③ 《律令》卷11《分用共畜物门》，第413页。
④ 《律令》卷11《出典工门》，第390页。
⑤ 《律令》卷6《节上下对他人等互卖门》，第258页。

买卖婚姻的主婚权以及悔婚后的法律责任也由父母承担。① 《律令》规定父母以及家族尊长对女子婚姻的决定权。《律令》卷 8《为婚门》："诸人为婚嫁女顺序：亲父母可嫁，祖父母、伯叔、姨、兄弟、嫂等其他节亲不许嫁。若无亲父母，则祖父母及同居庶母、女之同母兄弟、嫂娣及亲伯叔、姨等共议所愿处为婚。若不共议而嫁时，六个月期间可上告，当接状寻问。祖父母、伯叔、姨等嫁女者罪不治，兄弟嫂娣嫁则有官罚马一，庶人十三杖。因未共议，婚姻当改过。"② 法律支持父母以及家族尊长对子女婚姻的主婚权。总之，《律令》不遗余力地维护了家长对家庭财产的独占权。

三　宗长的权力

宗法原是贵族的亲属组织，分封制瓦解后，宗法组织也随之消失。宗法组织消失之后，代之而起的是经族人公推的家长或族长负责宗族间诸如祭祖、族产管理等事物。宗长权在家族内的实施实质上是父权的延伸。宗子权中最重要的是祭祀权。主祭权为宗子所独占，只有宗子才能主祭其父祖。宗子负有整个宗族的财产权。所负责者乃家际之间诸如族田、族祠、族学等的管理与分配。宗族中的祭祀、婚娶、生子、丧葬等都要听取宗长的意见。比如族人婚姻，宗长就具有主婚权。宗长似乎具有对族人的生杀权。宗族家际间的纠纷也是由族长裁决，实际等同于执法者、仲裁者。宗长的某些权力，帝国法律承认其权威性。例如立嗣、招婿养老等问题，往往是宗长一言而决。对违反族规者，族长有惩罚权。更重的罪则处以身体刑，或开除族籍。《宋史》卷 434《陆九龄传》记载，陆九龄家家法严峻，闺门之内，严若朝廷，子弟有过则家长训导，不改则继之捶楚，终不改悔则告之官府，除籍摒远，断绝关系。③ 甚者宗长可依据族规家法下令处死族人，虽然和帝国法律相悖，但在现实生活中仍具权威性，族人承认其生杀权。

在社会和法律都承认家长或族长权力的历史时期，家族实际上就是最基本的社会单位，也是最初级的司法机构，宗族以内的纠纷与冲突由宗长

---

① 《律令》卷 8《为婚门》，第 307 页。

② 同上书，第 309 页。

③ （元）脱脱等撰：《宋史》卷 434《陆九龄传》，中华书局 1985 年版，第 12879 页。

裁决，不能处理才交由国家司法机构解决。家族族长除了生杀权外，在家族内拥有最高的仲裁权与惩罚权。帝国法律承认家长主权，反过来也意味着家长要对帝国法律负责，家长的责任是对帝国的一项严格的义务。比如唐宋律规定脱漏户口，家长被处以三年徒刑，没有课役的减二等；明清律一户全不附籍，有赋役者家长杖一百，无赋役者杖八十，隐瞒人口与相冒合用户口者同罪。①

从家族秩序与社会秩序的联系中，我们可以说家族实际上是一个政治法律的最基层组织，政治法律组织只是家族单位的大组合而已。这是家族本位政治法律理论的基石，也完全与儒家以家为原点的修齐治平理论相契合。每个家族秩序良好，意味着这个社会秩序运转良好，也就是说家、国秩序合一。

部落是西夏宗族衍化、形成的基础。西夏由部落社会而逐渐演变为封建社会历时甚久，在漫长的封建化进程中，氏族部落及其首领"酋帅"逐渐演化为宗族与宗长，父家长制长期存在。唐代党项"每姓别为部落，一姓之中复分为小部落，大者万余骑，小者数千骑"。五代"同光"（后唐庄宗年号，923—926）以来，与内地进行马匹贸易的是党项"大姓之强者"。唐对党项羁縻以后，在新的政治条件下，部落酋长制与封建官僚制逐步融合，逐步强化了父家长们的政治地位。党项社会部落林立，以家族或宗族的集体形式组织生活、生产。元昊建国前后，封建化进程加快，李继迁、元昊正是依靠部落豪酋的支持才得以建国立制。李继迁采取与"联婚豪族"的政治婚姻才能结成部落联盟，加强反宋自存的力量，元昊称帝前对宋进攻，总是"与诸豪歃血"而得其支持。西夏立国之后，将贵族领主纳入行政的隶属关系中，促进其封建化，使其由部落而宗族，由部落豪酋而宗长。这个过程与魏晋以来北方少数民族实行部落离散之后，部落成员平民化，部落酋长行政化，同时又保持宗族父权的过程与结果如出一辙。宗族在西夏政治、社会生活中具有举足轻重的作用，只要了解西夏"蕃汉礼"的斗争问题，以及皇族与豪族之间的政治联姻，就能窥其端倪。应该说，宗族与族长对西夏社会的影响肯定超过了唐宋。

---

① 《唐律疏议》卷12《户婚》上，"脱漏户口增减年状"条，第914页；《宋刑统》卷12《户婚律》，"脱漏增减户口"条，第211页；《大明律》卷4《户律》一，《户役》，"脱漏户口"条，第45页；《大清律例》卷8《户律》，《户役》，"脱漏户口"条，第187页。

正是基于宗族在西夏社会的重要性，《律令》在规定西夏官、军、抄的荫补制时，刻意强调宗姓的决定性因素。《律令》卷10《官军敕门》："国内官、军、抄等子孙中，大姓可袭，小姓不许袭。若违律小姓袭时，有官罚马一，庶人十三杖。官、军、抄当赐大姓，大姓情愿，则允许于共抄不共抄中赐亲父、亲伯叔、亲兄弟、亲侄、亲孙等五种。"① 并严格规定重要军职、官、军、抄等必须在同宗内承袭，不能加于外人。《律令》卷10《官军敕门》："诸人有己子，则不许以同姓不同姓继子为□。若无己子，是同姓，则类□中同与不同一样，不允不同类中边中出任重军职者来任轻职。此外，种种待命独诱中，亲伯叔、亲兄弟、亲侄、亲孙允许为继子于父弟、子兄弟。已为继子而后生己子，及子死而遗孙等时，抄、官、军当由己子孙大姓袭，当赐继子宝物多少一分而使别居。若未有己子孙，则抄、官、军皆以继子袭，畜物亦由继子掌。若连律不应为继子而为继子时，依转院法判断。"②

第三节　刑法与宗族主义

一　亲属间的侵犯

（一）杀伤罪

教育责打子弟是直系尊长的权利，社会伦理与国家法律承认这样的特权并予以维护，从这一层面讲，伤害罪并不成立。即便尊长因违反教令将子弟杀死，法律处罚也属轻微。子女无过而遭父母故杀，则必须负法律责任。唐宋律故杀子孙，殴杀者徒刑二年，刃杀者徒刑两年半。元明清时期法律惩处减轻，元朝法律规定父母无故刃杀其子者杖七十七，明清律故杀子孙者杖六十、徒刑一年。③ 唐宋以来法律规定，谋杀子孙并已实施者依

---

① 《律令》卷10《官军敕门》，第353页。
② 同上。
③ 《唐律疏议》卷22《斗讼》二，"殴詈祖父母父母"条，第1561页；《宋刑统》卷22《斗讼律》，"夫妻妾媵相殴并杀"条，第398页；《元史》卷105《刑法志》四，"杀伤"，中华书局1976年版，第2676页；《大明律》卷20《刑律》三，《斗殴》，"殴祖父母父母"条，第167页；《大清律例》卷28《刑律》，《斗殴》下，"殴祖父母父母"条，第496页。

故杀罪减二等,已经造成事实伤害的减一等,已经杀害的依据故杀罪量刑。① 唐宋以来的处罚比常人相互间的相杀伤要轻得多。②

罪莫大于不孝,不孝罪行极重,为社会和法律所不容;历代法典采取从重原则,处罚极严。常人相骂詈,事极寻常,唐宋法律置之不论,明清律笞刑一十而已。但骂祖父母父母则是死罪,列在十恶。③ 骂詈以上的行为更是十恶不赦的重罪,除元律外,不问受伤否,也不问故意伤害还是误伤,唐宋明清律的处分都是极严酷的斩决。④

子女殴父母致死则罪加一等,唐宋律判斩刑,元明清律则加至凌迟——这是法外最残酷的极刑,一般用于谋反、恶逆等严重威胁皇权的罪行,由此可见帝国法律对家庭逆伦案的重视程度。⑤ 甚至肇事者已死,法律仍令锉尸枭首,示众尽法。即使误伤致死、情可矜原者,需得皇帝怜悯,才得减刑机会,但也只是由凌迟改判斩决,仍难逃一死。

子孙过失杀伤父母,非比常人过失相伤杀可以赎罪,且量刑从重。唐

---

① 《唐律疏议》卷17《贼盗》一,"谋杀人"条,第1273页;《宋刑统》卷17《贼盗律》,"谋杀"条,第310页;《大明律》卷19《刑律》二,《人命》,"谋杀祖父母父母"条,第151页;《大清律例》卷26《刑律》,《人命》,"谋杀祖父母父母"条,第440页。
② 《唐律疏议》卷21《斗讼》一,"斗殴伤人"条,第1468页,"斗殴折齿毁耳鼻"条,第1470页,"兵刃砍射人"条,第1472页,"殴人折跌肢体瞎目"条,第1475页,"斗故杀人"条,第1478页,《唐律疏议》卷17《贼盗》一,"谋杀人"条,第1273页;《宋刑统》卷21《斗讼律》,"斗殴故殴故杀"条,第369页,《宋刑统》卷17《贼盗律》,"谋杀"条,第310页;《元史》卷105《刑法志》四,"杀伤",第2676页;《大明律》卷20《刑律》三,《斗殴》,"斗殴"条,第159页,《大明律》卷19《刑律》二,《人命》,"斗殴及故杀人"条,第153页,"谋杀人"条,第50页;《大清律例》卷27《刑律》,《斗殴》上,"斗殴"条,第472页,《大清律例》卷26《刑律》,《人命》,"斗殴及故杀人"条,第453页,"谋杀人"条,第438页。
③ 《唐律疏议》卷22《斗讼》二,"殴詈祖父母父母"条,第1561条;《宋刑统》卷22《斗讼律》,"夫妻妾媵相殴并杀"条,第398页;《大明律》卷21《刑律》三,《骂詈》,"骂祖父母父母"条,第173页;《大清律例》卷29《刑律》,《骂詈》,"骂祖父母父母"条,第504页。
④ 《唐律疏议》卷22《斗讼》二,"殴詈祖父母父母"条,第1561条;《宋刑统》卷22《斗讼律》,"夫妻妾媵相殴并杀"条,第398页;《元史》卷104《刑法志》三,"大恶",第2651页;《大明律》卷20《刑律》三,《斗殴》,"殴祖父母父母"条,第167页;《大清律例》卷28《刑律》,《斗殴》下,"殴祖父母父母"条,第496页。
⑤ 同上。

宋明清律均过失伤者徒三年，过失杀者流三千里。① 立法的精神主要在于维护以"亲亲"为核心的家庭伦纪，尤其是家长的权威。

父母因子孙气愤自尽，子孙要负逼死父母的责任。明律依据殴祖父母父母律处以斩刑，奏请皇帝裁决，清律按情节轻重处以拟斩决或拟绞候。② 违反教令致使父母自尽，为了维护纲常名教，不论性质，一律按律论处，科罪量刑几乎从不宽减。

父母不是故意寻死，其死亡原因与子孙没有直接关系，同样要追究子孙的刑事责任。北宋真宗时京师民家子与人斗殴，其母追呼劝解而不听，其母不意颠踬殒命，法官处以笞刑。真宗曰："母言不从，犯教令，当徒二年，何谓笞也？"群臣无不惊服。③ 而清律比照子孙违反教令致父母自尽例处以绞监候。实情可原者，皇帝钦定，才可以改为满流。凡是父母死伤因子女而起，官司不问是非，一律按"服制"严办。维护家庭伦常纲纪是关键所在，而是非曲直倒在其次，通常弃置不论。

直系亲属之外的亲属间的伤害罪，量刑也不同于常人。亲属主要指五服之内以"亲亲"为伦理原则的血缘团体。历代法律都维护这种伦理原则，将亲属之间的相互侵犯定位"十恶"之一。同一亲属团体内各人之间是有一定的亲疏关系和差别的，伦理上强调其差异性而非一致性，是一种亲疏有别的等差秩序，这也就是整个服制图成立的基础。法律以伦理作为立法的根据，其基本精神在于维护亲属成员之间的等差秩序。因此，关于亲属间相侵犯的规定是完全以服制上亲疏尊卑的等差秩序为依据的。服制中直系尊亲属而外，期亲尊长最亲，大功次之，小功又次之，缌麻则最疏远，所以刑法上卑幼的责任也根据这种不同的亲疏关系而有差异，殴杀期亲尊长的罪行仅次于殴杀直系尊亲属，大功、小功、缌麻以次递减。反之，尊长愈亲者，愈有权力督责卑幼，而杀伤卑幼的刑事责任则以次递

---

① 《唐律疏议》卷22《斗讼》二，"殴詈祖父母父母"条，第1561页；《宋刑统》卷22《斗讼律》，"夫妻妾媵相殴并杀"条，第398页；《明律例》卷20《刑律》三，《斗殴》，"殴祖父母父母"条，第167页；《大清律例》卷28《刑律》，《斗殴》下，"殴祖父母父母"条，第496页。

② 《明律例》卷19《刑律》二，《人命》，"威逼人致死"条，第157页；《大清律例》卷26《刑律》，《人命》，"威逼人致死"条，第465页。

③ （宋）江少虞撰：《宋朝事实类苑》卷3《祖宗圣训·真宗皇帝》，上海古籍出版社1981年版，第30页。

减。服制上愈亲，罪行就愈轻。

唐宋法律规定骂兄姊者杖一百，骂伯叔父母及姑又加一等，徒一年。明、清律规定骂缌麻兄姊笞五十，小功兄姊杖六十，大功杖七十，期亲则杖一百，至于缌麻、小功、大功、期服的尊属，则又较同等亲的同辈尊长各加一等治罪。[1] 根据唐、宋、明、清律，殴缌麻兄姊，杖一百，小功徒一年，大功徒一年半，重伤各递加凡斗伤一等，至死者斩。殴期亲兄姊处分更重，无伤徒二年半，伤者徒三年，折伤流三千里，刃伤折肢及瞎一目者绞，死者斩。[2]

谋杀罪在五服内亦较常人加重。谋杀缌麻以上尊长，已行而未伤者流二千里，已伤者绞，已杀者斩。谋杀期亲尊长与谋杀祖父母、父母同罪，属恶逆，唐、宋律斩罪，明、清律已行者斩，已杀者凌迟处死。[3]

卑幼过失杀伤大功以上尊长没有收赎权利。卑幼逼迫尊长气愤自尽，法律对卑幼的处分很重。逼死期亲尊长则罪至绞候，大功以下减递一等，大功杖一百流三千里，小功杖一百徒三年，缌麻杖九十徒二年半。通常因事逼人至死不过杖一百。[4] 法律不问是非，只重伦理。因此，戴震一针见血地指出："尊者以理责卑，长者以理责幼，贵者以理责贱，虽失谓之顺；卑者、幼者、贱者以理争之，虽得谓之逆。于是天下之人不能以天下之同情、天下之所同欲达之于上，上以理责其下，而在下之罪，人人不胜指数。人死于法，犹有怜之者；死于理，其谁怜之！"[5] 戴氏更愤激指斥

---

[1] 《唐律疏议》卷22《斗讼》二，"殴缌麻兄姊"条，第1552页；《宋刑统》卷22《斗讼律》，"夫妻妾媵相殴并杀"条，第396页；《大明律》卷21《刑律》四，《骂詈》，"骂尊长"条，第172页；《大清律例》卷29《刑律》，《骂詈》，"骂尊长"条，第504页。

[2] 《唐律疏议》卷22《斗讼》二，"殴缌麻兄姊"条，第1552页；《宋刑统》卷22《斗讼律》，"夫妻妾媵相殴并杀"条，第396页；《大明律》卷20《刑律》三，《斗殴》，"殴大功以下尊长"条，第166页；《大清律例》卷28《刑律》，《斗殴》下，"殴大功以下尊长"条，第489页。

[3] 《唐律疏议》卷17《贼盗》一，"谋杀期亲尊长"条，第1261页；《宋刑统》卷17《贼盗律》，"谋杀"条，第310页；《大明律》卷19《刑律》二，《人命》，"谋杀祖父母父母"条，第151页；《大清律例》卷26《刑律》，《人命》，"谋杀祖父母父母"条，第440页。"恶逆"见唐、宋、明、清律中的《名例》之"十恶"条。

[4] 《大明律》卷19《刑律》二，"威逼人致死"条，第157页；《大清律例》卷26《刑律》，《人命》，"威逼人致死"条，第466页。

[5] （清）戴震著，何文光整理：《孟子字义疏证》卷上"理"，中华书局1982年版，第10页。

"酷吏以法杀人，后儒以理杀人，浸浸乎舍法而论理，死矣，更无可救矣！"①

尊长殴伤卑幼，不是折伤以上是置而不论的。折伤以上的罪则按亲疏关系递减，缌麻减凡人一等，小功减二等，大功减三等。大功服内之同堂弟妹，小功中之堂侄，缌麻中之侄孙，又为卑幼中之最亲者，故殴伤的刑事又较前项为轻，殴杀者只杖一百流三千里，故杀始绞。② 卑幼自卫的权利被长期剥夺，这是中国传统法律的禁忌，一直持续到清朝的灭亡。这充分体现了传统法律维护家族尊卑等差秩序的立法精神及其牢固性。

《律令》规定祖父母、父母故意杀害子孙，根据杀人数量科刑，较之普通故杀罪处以死刑的处罚，其量刑属轻微。"亲祖父、祖母、父、母等有意杀己子孙时，杀一人徒八年，杀二人以上一律十年。"③ 此外，《律令》对其他尊长故杀卑幼根据服制规定的亲等分别予以减刑。《律令》卷1《恶毒门》规定："亲祖父母、父母、庶母等，故意杀自子孙之罪状，除第八卷上所列以外，节上人谋杀节下人，起意已伤，则与故意伤他人罪比，穿一年丧服减三等，自穿九个月丧服至五个月减二等，三个月减一等。已杀时按故意杀他人法判断。"④ 量刑比常人间的相杀伤要轻得多。尊长失误殴伤或殴死卑幼，量刑较常人犯同类罪行更轻微。"诸人女、子、妻子、媳、使军、奴仆等与父母、丈夫、头监等言语不和而被打时，失误动手而伤眼、断耳鼻、伤手脚、断筋等，有官罚马一，庶人十三杖，若死则徒六个月。"⑤

詈骂祖父母、父母，在中原法典中属于"十恶"罪，处以死刑，而《律令》对卑幼詈骂高曾以来尊亲都处以绞杀，卑幼詈骂尊长的死刑适用范围明显扩大。《律令》规定："子女对自己亲高、曾祖及祖父、祖母、

---

① （清）戴震著，何文光整理：《孟子字义疏证》卷上"理"，中华书局1982年版，第10、174页。
② 《唐律疏议》卷22《斗讼》二，"殴缌麻兄姊"条，第1552页；《宋刑统》卷22《斗讼律》，"夫妻妾媵相殴并杀"条，第396页；《大明律》卷20《刑律》三，《斗殴》，"殴大功以下尊长"条，第166页；《大清律例》卷28《刑律》，《斗殴》下，"殴大功以下尊长"条，第489页。
③ 《律令》卷8《烧杀伤门》，第294页。
④ 《律令》卷1《恶毒门》，第118页。
⑤ 《律令》卷8《相伤门》，第297页。

父、母、庶母,及儿媳对此数等人撒灰、唾及顶嘴辱骂及举告等之罪法:撒土灰、唾等,实已着于身、面上,及当面说坏话、顶嘴等时绞杀。"① 甚至谎称父母死亡以博取某种利益,等同詈骂父母罪。"诸人自己故意于亲父母、庶母实有时谓其已死而索假期时,与当面出恶语争吵同等判断。"②

关于亲属间相杀伤罪的律条编纂在《律令》卷14《误殴打争斗门》中,惜已亡佚,无缘得见。所幸《名略》中保留了相关律条名目,赖此得识梗概。《律令》卷14《误殴打争斗门》律条名目包括:木铁器等隔障着父母,对父母等打,殴叔伯等,殴节上,殴公婆岳父母,骂詈检校节上,殴节下,依节亲意使殴他人,误相杀。律条名目与《唐律疏议》卷22—24中有关亲属间相杀伤罪的律条名目有相似之处,且多为卑幼对尊长伤杀之刑罚。虽然律条的具体内容已不可知,揆诸中原法典,其维系尊长权威的立法精神应该相一致。《律令》卷1《恶毒门》对子女杀尊长的刑罚规定也体现了这一点,因实行了连坐制,从而使其打击力度反较中原王朝更为沉重。《律令》卷1《恶毒门》规定:"子女自己杀亲曾祖及祖父母、父母、庶母等,及媳杀此数等者,不论主从,以剑斩。其中妇人之子女勿连坐,而每人自己妻子、子女当连坐,应迁居异地,应入牧农主中。已行未死,则已着未着、已伤未伤,一律造意、同谋者以剑斩,其中造意之妻子、子女当连坐,入牧农中。已起杀意,虽未暇进行,然已打斗及以强力□□□等,造意以剑斩,家门勿连坐,从犯绞杀。"③《律令》根据服制,制定了穿三个月丧服(缌麻亲)至穿九个月丧服(大功亲)亲属中卑幼杀尊长时量刑的法律依据。《律令》卷1《恶毒门》:"自穿三个月丧服至穿九个月丧服,节下人依次杀节上中一人时,不论主从,以剑斩。杀二人时,主谋之妻子及同居子女等当连坐,入牧农主中。与同谋者,一齐以剑斩。三人以上,不论正副一样,以剑斩,自己妻子,同居子女等人当连坐。若已行动未死,则已着未着、已伤未伤一样,造意绞杀,从犯徒十二年。虽起杀意,未暇行动,则造无期徒刑,从犯徒十年,其故

---

① 《律令》卷1《不孝顺门》,第128页。
② 《律令》卷20《罪则不同门》,第611页;《律令》卷14《误殴打争斗门》,第478页。(据第77页名略补。)
③ 《律令》卷1《恶毒门》,第117页。

意杀者中妇人有子女者勿连坐。"① 《律令》又规定"自三个月丧服至一年丧服节上人（小功亲）殴打争斗动手而杀时，庶人以剑斩"②。

卑幼殴伤尊长的内容，《律令》只存名目，没有具体律文，具体刑罚无从得知。但根据卑幼杀害尊长从重处罚的原则判断，其从重科刑应毋庸置疑，《律令》卷14《误殴打争斗门》规定："前述节上下相殴中，有官位高低者，当以节亲互殴及官位高低相殴罪比较，从重判断。"③ 这条律文从另一个角度说明西夏对卑幼殴伤尊长从重科刑的判断是正确的。

(二) 奸非罪

父系血缘家族内部性的禁忌极其严格，历代法典对乱伦视为兽行，科罪量刑采取从重原则。常人相奸，唐、宋律不过徒刑，元、明、清律通奸不过杖罪，强奸才处以死刑。④ 奸小功以上亲则罪在"十恶"，处分更重。⑤ 如与大小功之伯叔祖母、堂伯叔母、祖姑、堂姑、兄弟妻、大功之堂姊妹、侄媳这些小功大功亲属通奸，唐、宋律男女各流两千里，强奸者绞。明清律规定与以上列举的大小功亲属相奸者男女各绞，强奸则斩。⑥ 奸期亲则完全悖逆社会人伦，历代典刑极重，有死无赦。唐宋律处以绞刑，明清律则一律处斩。⑦ 与姻亲通奸，法律制裁也较常人为重，缌麻亲姑舅两姨姊妹等同本宗缌麻以上亲。姨母服属小功，所以奸罪于外姻中最重，唐、宋、明、清皆与奸伯叔祖母、堂姑、堂姊妹、兄弟妻，及侄妇等

---

① 《律令》卷1《恶毒门》，第118页。
② 《律令》卷8《烧伤杀门》，第295页。
③ 《律令》卷14《误殴打争斗门》，第483页。
④ 《唐律疏议》卷26《杂律》上，《奸》规定诸奸者徒一年，有夫者徒二年，强奸各加一等，折伤者各加斗折伤罪一等奸徒一年半，第1836页。《宋刑统》卷26《杂律》，"诸色犯奸"条："奸徒一年半，有夫者，徒二年。"第478页。《元史》卷104《刑法志》三，无夫奸杖七十七，有夫奸杖八十七，未成者减四等，强奸罪，有夫者死罪，无夫者杖一百七，未成者减一等。第2653页。《大明律》卷25《刑律》八，《犯奸》，"犯奸"条："有夫奸杖八十，无夫杖九十。"第197页。《大清律例》卷33《刑律》，《犯奸》："无夫奸杖八十，有夫奸杖九十，刁奸杖一百，强奸绞，未成者，杖一百流三千里。"第552页。
⑤ 唐、宋、元、明、清律等《名例》之"十恶"条。
⑥ 《唐律疏议》卷26《杂律》，"奸从祖母姑"条，第1843页；《宋刑统》卷26《杂律》，"诸色犯奸"条，第479页；《大明律》卷25《刑律》八，"亲属相奸"条，第198页；《大清律例》卷33《刑律》，《犯奸》，"亲属相奸"条，第556页。
⑦ 同上。

处分相同。在奸非罪的处分中，尊卑有别的原则被摈弃，犯奸两造处分一致，主要强调亲属间的性禁忌是亲属成员必须遵守的义务，乱伦被视为纲常大敌，全社会必须严防死守。

《律令》对常人之间的通奸一般处以徒刑，强奸罪处以绞杀。① 《律令》禁止同姓之间的婚媾，一旦结合，不但婚姻必须解散，而且当事人要负刑责，甚至撮合缔约之媒妁也受惩戒。《律令》明确规定："同姓结婚之媒人传语者之罪，比结婚者之罪，当减二年为一年，婚姻当改过。"② 所谓同姓不婚的范围，当是五服之内亲属。《为婚门》有关夏宗室成员婚姻的专条规定："西名自五子以上嵬名姓已变，取后姓，允许为婚。西名五子以下依节变姓者，依取用前姓施行，不许为婚，违律时与同姓为婚一样判断。"③ 因律条中的有些西夏文字无法确解，所以律文有些地方令人有如坠五里云雾之感。西夏社会有大、小姓的区别，其实就是姓与氏的区别。也就是说一旦超出五服范围，同姓成员就分为别支。《律令》卷10《官军敕门》的相关律文足资参考，转抄如下："国内官、军、抄等子孙中，大姓可袭，小姓不许袭。若违律小姓袭时，有官罚马一，庶人十三杖。官、军、抄当赐大姓，大姓情愿，则允许于共抄不共抄中赐亲父、亲伯叔、亲兄弟、亲侄、亲孙等五种。"④ 参考这条律文，前因关于皇室婚姻专条中之"后姓"也就是五服外之别支，"五子"就是五个世代。这进一步说明西夏同姓不婚的范围就是五服之内的宗亲。

《律令》严厉禁止五代宗亲之间的乱伦，将其列入"十恶"罪，遇赦不原。"诸人于条下所示节下、节上至亲处为非礼者，男女一律以剑斩，家门勿连坐：高祖母、曾祖母、祖母、母、庶母、姑、姊妹、女、儿媳。"⑤

亲属间的性禁忌不容违反，严厉禁止亲属间的乱伦行为。《律令》对亲属间奸非罪的刑罚，采取犯罪两造刑罚原则，以至于摈弃了别尊卑的原则。其根本目的在于维护家庭纲常。对于直系亲属之外的亲属之间的奸非罪的处罚，也采取了从重的原则。《律令》卷8《行非礼门》根据亲等原

---

① 《律令》卷8《夺妻门》，第299页。
② 《律令》卷8《行非礼门》，第304—306页。
③ 《律令》卷8《为婚门》，第306页。
④ 《律令》卷10《官军敕门》，第353页。
⑤ 《律令》卷1《内乱门》，第130页。

则，制定了较详细的科刑条款。为便于说明问题，现不厌繁芜，撮抄如下。《律令》卷8《行非礼门》：

> 行非礼于一种节亲之罪，十恶门内不属宽宥以外，节内亲戚中行淫乱之罪，依以下所定判断，家门一种不治。
>
> 杂死：岳母、伯叔之妻、侄女、孙媳、孙女、重孙女媳。
>
> 十二年长期：祖父之姐妹、父伯叔兄弟之妻、伯叔未婚姐妹、母之亲姐妹、侄媳。
>
> 六年：伯叔子侄女媳、兄弟之侄女媳、舅之妻子、高祖兄弟之妻子、高祖之姐妹。
>
> 五年：兄弟之曾孙女媳、二节伯叔子女、二节姑姐妹、祖父之叔子兄弟之妻、祖父之伯叔子姐妹。
>
> 四年：亲侄母、伯叔子兄弟之妻、二节伯叔子兄弟之妻、三节伯叔子姐妹、三节伯叔子兄弟之妻、伯叔子侄之妻、二节伯叔子侄之妻。
>
> 后母从子之妻子与母之夫同居。
>
> 后母从女与母之夫同居。
>
> 为继子者父之女、姐妹、姐妹之女，继子继父之儿子及亲侄等淫于继子之妻子。
>
> 继子为父者之亲侄妻子、同母不同父姐妹、同母不同父兄弟之妻子、侄女之女、子盖、甥之妻、女之儿子之妻。
>
> 三年：虽不属明确宗亲，然而为各远节行非礼以及同姓婚姻。
>
> 同姓结婚之媒人传语者之罪，比结婚者之罪，当减二年为一年，婚姻当改过。
>
> 诸人小大相处行非礼等中，应获死、长期徒刑者，当依法推究。其下获自六年以下劳役时，一年期间当取状推，逾一年不许取状推究。若连律时，取状、告者等一律有官罚马一，庶人十三杖。①

（三）盗窃罪

亲属间的盗窃罪不同于普通人，罪名与亲等成反比，关系愈亲近则刑

---

① 《律令》卷8《行非礼门》，第304—306页。

愈轻，关系愈疏远则刑愈重。唐、宋律规定盗缌麻、小功财物减凡人一等，大功减二等，期亲则减三等。① 立法的目的在于维护家族和睦。虽然法律没有明文规定亲属间在经济负有绝对义务，按照宗族精神，同宗亲属在经济上有患难相助的道义。一旦涉及伦理问题，一般会抑制法律、彰显人情。立法精神上侧重于家族主义，治罪以亲疏长幼尊卑为准则，服制轻重成为定罪的核心，如服制不明，则无从定罪。

《律令》对于亲属间盗窃罪的法律处罚贯彻了以上原则。《律令》卷2《盗杀牛骆驼马门》对窃盗亲属牲畜的量刑就贯彻了减轻刑罚的原则。《律令》规定："盗五服以内亲节之中牛、骆驼、马时，按减罪法分别处置。"②《律令》规定五服内尊长盗窃卑幼财物时则不算犯罪。"节亲亲戚不共有畜和物，不相商议则随意相盗窃时，曾、高祖、祖父母、父母等自子、孙、曾孙、玄孙等畜财拿走，不治罪。"能否偿还，则主要看尊长能力而定，法律并不强制执行。《律令》明文规定，如被盗者不告官，他人不许举告，官方也不能接状。否则，"告者、接状者等有官罚马一，庶人十三杖"③。《律令》显然在全力以赴地维护尊长权威。

对相同亲等内亲属间的盗窃罪，《律令》也按照罪名与亲等成反比，关系愈亲近则刑愈轻，关系愈疏远则刑愈重的刑罚原则。"穿三个月、五个月丧服等相互为盗时，当比他人盗窃罪依次减二等。穿九个月丧服相互盗窃时，当比穿三个月丧服之罪减二等。穿一年丧服相互盗窃时，当比穿三个月丧服之罪减三等。穿三年丧服互相盗时，当比穿三个月丧服罪减四等。"④ 姻亲之间的盗窃罪，也实行罪名与亲等成反比的减刑处罚。⑤

二　容隐

从儒家伦理的立场讲，亲属犯罪，必须容隐不告。"子为父隐，父为子隐"才符合伦理。中国传统政治标榜以孝治天下，彰显孝道，屈抑法律，历代法律都主张亲属相容隐的原则。

---

① 《唐律疏议》卷20《贼盗》四，"盗缌麻小功财物"条，第1405页；《宋刑统》卷20《贼盗律》，"盗亲属财物"条，第353页。

② 《律令》卷2《盗杀牛骆驼马门》，第154页。

③ 《律令》卷2《盗亲门》，第160—161页。

④ 同上。

⑤ 同上。

唐以后的法律，只要是同居的亲属，不论有没有服制，都要容隐；明清律的范围且扩大到妻亲，岳父母与女婿也列入容隐范围。① 顺理成章，历代法律也不要求亲属在法庭上作证人。违者官吏有罪，唐、宋杖八十，明、清杖五十。② 子孙自动来告发祖父母、父母，悖逆孝道，与亲属容隐的原则相违背，历代法律严惩子孙告发尊长的行为。子孙告发父祖，唐代将其列为不孝，罪在不赦，唐宋时处以绞刑；明清律规定除诬告外，杖一百，徒三年。③ 其他尊长也在容隐范围内，卑幼无权告发。一旦告发，只是量刑比告发直系亲属稍轻而已。但告发属实，则卑幼等同自首而免罪。之所以如此处置，主要考虑子孙置自己安危于不顾，为了避免尊长陷于刑戮而告官，这种情形符合孝道原则。按照亲属相互容隐的原则，尊长告发卑幼也同样有罪，但量刑较卑幼告发尊长为轻，尊长与被告亲等越近，则罪行越轻。④ 容隐的原则也适用奴仆之于家主，奴告主等同于子孙告发尊长。但只要事涉谋反、谋大逆、谋叛等威胁到皇权政治的罪行时，亲属相容隐的原则就被弃置不论，可见以皇帝为中心的皇权主义原则才是绝不能挑战的终极原则。

虽然规定亲属犯罪必须容隐不告，但《律令》与中原历代法典一样，一贯秉持皇权主义原则，一旦亲属所犯罪行侵害皇权，容隐原则自行作废，亲属必须告官。"除谋逆、失孝德礼、背叛等三种语，允许举告。"另外，三代期亲内子孙杀害尊长也容许亲属举告。舍此而外，"节上下允许相隐罪，不许告举"⑤。"若举告时绞杀。有接子孙状者则徒十二年。不

---

① 《唐律疏议》卷6《名例》，"同居相为隐"条，第466页；《宋刑统》卷1《名例》，"有罪相容隐"条，第106页；《大明律》卷1，"亲属相容隐"条，第18页；《大清律例》卷5《名例律》下，"亲属相为容隐"条，第133页。

② 《唐律疏议》卷29《断狱》上，"据众证定罪"条，第1030页；《宋刑统》卷29《断狱律》，"不合拷讯者取众证为定"条，第536页；《大明律》卷28《刑律》十，《断狱》，"老幼不拷讯"条，第215页；《清律例》卷36《刑律》，《断狱》上，"老幼不拷讯"条，第606页。

③ 唐、宋、元、明、清律，《名例》，"十恶"之"不孝"条；《大明律》卷22《刑律》五，《诉讼》，"干名犯义"条，第178页；《大清律例》卷30《刑律》，《诉讼》，"干名犯义"条，第522页。

④ 《唐律疏议》卷24《斗讼》四，"告缌麻卑幼"条，第1633页；《宋刑统》卷24《斗讼律》，"告周亲以下"条，第418页；《大明律》22《刑律》，《诉讼》，"干名犯义"条，第178页；《大清律例》卷30《刑律》，《诉讼》，"干名犯义"条，第522页。

⑤ 《律令》卷13《许举不许举门》，第446页。

许审问父母等之罪。"① "父母等告举子孙,亦不许取状、准举。"② 体现了《律令》在确保皇权绝对不受侵犯的前提下,维护家庭纲常、稳定社会秩序的一面。《律令》不容许亲属呈堂证供。"门下人、节亲等不应为知证。"③

期亲之外,服制内其他亲属也不能相举告,量刑较直系亲属为轻。"九个月以上丧服节上下不许相告举。若节下举节上时,犯罪者应得徒二年以内罪,则不论大小,举者之罪徒二年。若举情重于彼,则当比有罪人减一等。若节上举自己节下者时,当比前述节下举节上罪减一等。"④ 奴仆告主也等同于子孙举告尊长,刑罚原则与量刑标准亦相近似。⑤ 卑幼举告尊长从重处罚,尊长举告卑幼从轻处罚,刑罚本身体现了维护尊长卑幼的家庭伦理的儒家倾向。

三 缓刑与免刑

唐宋元明清律规定犯死罪但不属于不赦重罪,直系尊亲年龄以 70 岁为限,或笃疾应侍,且家无成丁者,可上请,准否皆由皇帝裁决。⑥ 清律为表彰贞节,体念寡妇守节,孤儿寡母,实属不易,若守节 20 年,即可申请缓刑或免刑。兄弟两人以上都是死刑,容许留一人奉养尊亲。为奉养尊亲,犯徒罪、流罪的子孙容许缓刑。唐宋律规定祖父母、父母老疾无人侍养者,流罪可暂留养亲。但不在赦例,如后家中添丁或尊亲亡故已期年,即失去留养的对象与意义,还须流配。⑦

---

① 《律令》卷 1《不孝顺门》,第 128 页。
② 《律令》卷 13《许举不许举门》,第 446 页。
③ 同上书,第 448 页。
④ 同上书,第 447 页。
⑤ 同上书,第 445 页。
⑥ 唐、宋以不属十恶为限。参见《唐律疏议》卷 3《名例》三,"犯死罪应侍家无期亲成丁"条,第 269 页;《宋刑统》卷 3《名例》,"犯徒流罪"条,第 50 页;明、清律改为非常赦所不原,"十恶"以外,盗系官财物、强盗、窃盗、放火、发冢、受赃、诈伪、犯奸、略人、略卖和诱人口等,都包括在内。参见《大明律》卷 1《名例》,"犯罪存留养亲"条,第 10 页,"常赦所不原"条,第 9 页;《大清律例》卷 4《名例》,"犯罪存留养亲"条,第 106 页,"常赦所不原"条,第 103 页。
⑦ 《唐律疏议》卷 3《名例》,"犯死罪应侍家无期亲成丁"条,第 269 页;《宋刑统》卷 3《名例》,"犯徒流罪"条,第 50 页。

《律令》除规定老、幼、重病可缓刑、免刑外,实属人犯因年龄以及重大疾病而获得部分或全部免责权。尚未见因奉养尊亲、体念寡妇或亲老待养诸方面而缓免的法律条文。① 《唐律疏议》将缓刑与免刑的法律规定编辑在《名例》中,作为全律通则的一部分。而《律令》没有《名例》,在作为其条目的《名略》中也难觅踪迹,遍览《律令》也没有这方面的专条。也许西夏法典中本来就没有如中原法典中的缓刑与免刑的法律规定。当然,因《律令》乃残卷,这方面的内容恰好缺失也未可知。

第四节　血亲复仇

复仇在古代社会很普遍,社会也承认报仇的权利。族人和家属有为被害人报仇的神圣义务。复仇的对象超出加害者个人而波及其家族中的任何人,个人行为演变成家族行为,族际的械斗就此展开。中国传统社会在公元2世纪时,国法已经不容许私人复仇。但复仇的习惯已经根深蒂固,成为民族文化心理的一部分,并不能令行禁止。唐宋律禁止复仇。唐律无明文规定,但有犯同谋故斗杀,宋律和唐律相同,同时又规定子孙复仇者由有司具案奏取敕裁,是兼顾礼法的弹性办法。② 元律规定,子报父仇,杀死仇人,不但无罪,而且杀父之家须付烧埋银五十两,无银者征中统钞十一锭,会赦免罪者倍之。明清律规定祖父母、父母为人所杀,子孙当时将凶手杀死可以免罪,但事后稍迟再杀,须杖六十。③ 除元代外,东汉以来,历代法律主张"生杀权"要操纵于官府,最终解释权由皇帝裁决。并不容许民间复仇,凶犯只能交由国法制裁。

法律制定移乡避仇的消极办法用来防止复仇事件的发生。唐、宋时杀人应死,会赦免罪,而被害方有期亲者,移乡千里外的法律显然是担心死

---

① 《律令》卷2《老幼重病减罪门》,第150页。
② 《宋刑统》卷23《斗讼律》,"祖父母父母为人殴击子孙却殴击"(复仇)条,云臣等参详"如有复祖父母、父母之仇者,请令今后具案,奏取敕裁",第406页。
③ 《元史》卷105《刑法志》二,"杀伤"条,第2675页;《大明律》卷20《刑律》三,《斗殴》,"父祖被殴"条,第169页;《大清律例》卷28《刑律》,《斗殴》下,"父祖被殴"条,第501页。

者家属不肯罢休。① 虽然如此，但复仇主义已经深入人心，手刃仇人，报仇雪恨仍会得到社会舆论的同情与激赏。伦理与法制冲突中往往是伦理取胜。富平县人梁悦为报父仇，杀仇人秦果，投县请罪。唐宪宗敕云："复仇杀人，固有彝典。以其申冤请罪，视死如归，自诣公门，发于天性。志在殉节，本无求生之心。宁失不经，特从减死之法，宜决一百，配流循州。"② 宋朝单州人刘玉父被王德殴死，王德遇赦，刘玉私杀王德以复父仇。仁宗义之，决杖、编管。元丰时青州民王赟父被人殴死，赟既长，刺死仇人，并砍下头及四肢来到父墓前祭奠，祭毕自首，依律当斩。神宗以其情可矜，下诏贷死，刺配邻州。③ 父母之仇，私自和解，则令人齿冷，法律上的处分也较复仇者重。相反，杀父之仇不共戴天，子报父仇者在民间被认为理所当然。明末黄宗羲孤身北上，在京师手刃杀父仇人，一时成为佳话，由此可见一斑。更不用说明清时期之俗文学中复仇故事比比皆是，复仇思想更是充斥其间。

唐宋律祖父母、父母被人杀死，子孙私自和解的流二千里，明、清律亦有相似的规定。④ 见利忘义，贪财私了，置骨肉之情于不顾，则罪不可恕，处分加重，根据盗贼律论处。

复仇乃党项旧俗，也是西夏社会流行之风习。《旧唐书·党项传》说党项人"尤重复仇，若仇人未得，必蓬头垢面跣足蔬食，要斩仇人而后复常"⑤。宋人曾巩（1019—1083）云西夏人"俗喜复仇，然有凶丧者，未复，负甲叶以为记。不能复者，集邻族妇人，烹牛羊，具酒食，介而趋仇家，纵火焚之。其经女兵者，家不昌，故深恶焉"⑥。双方怨仇得到和解的时候，要举行一种仪式，"将鸡猪犬血和酒，贮于髑髅中饮之，乃誓

---

① 《唐律疏议》卷18《贼盗》二，"杀人移乡"条，第1318页；《宋刑统》卷18《贼盗律》，"杀人移乡"条，第325页。

② （后晋）刘昫等撰：《旧唐书》卷50《刑法志》，中华书局1975年版，第2154页。

③ （元）脱脱等撰：《宋史》200《刑法志》二，中华书局1985年版，第4990页。

④ 《唐律疏议》卷17《贼盗》一，"亲属为人杀私和"条，第1287页；《宋刑统》卷17《贼盗律》，"亲属被杀私和"条，第315页；《大明律例》卷19《刑律》二，《人命》，"尊长为人杀私和"条，第157页；《大清律例》卷26《刑律》，《人命》，"尊长为人杀私和"条，第470页。

⑤ （后晋）刘昫等撰：《旧唐书》卷198《党项传》，中华书局1975年版，第5290页。

⑥ （宋）曾巩：《隆平集》卷20，董氏万卷堂刻本，第8页上栏。

曰：'若复报仇，谷麦无收，男女秃癞，六畜死，蛇入帐。'"① 西夏血亲复仇主要表现为部族、宗族之间带有巫术色彩的暴力复仇。父祖丘墓遭人损毁，在传统社会也属血仇，如果"子、孙、曾孙等已知觉，因贪赃徇情不举告议合时，当比地墓损毁者各罪状减二等"。说明赴衙告官，交由国家裁决是西夏社会后期解决血亲矛盾的方式之一。②

第五节　行政法与宗族主义

伦常是中国传统政治之根本，家国一系，关系极为密切。官吏任免常与家族情由紧密相连。如官职名称触犯父祖名讳即不能任职。一旦不慎，必遭弹劾。冒居其职，一经发现，随即罢免，并处徒刑一年。③ 如官吏父祖年老，而家中又缺丁奉养，理当离职居家，晨昏奉侍。如违律令，即受惩处。唐宋律免所居职，处一年徒刑，即便任职之时亲未老疾，其后老疾，也要辞官归养，否则也按违令问罪。明清时处分较轻，只杖八十。④

祖父母、父母因犯死罪入监而子孙竟然无悲痛之念，作乐及婚娶者，唐宋律规定免除官职，徒一年半，明、清律规定同委亲之任罪。⑤ 官员丁忧，夺情者除外，除服之后才能复起。丁忧冒仕，唐宋律免官，徒刑一

---

① （元）脱脱等撰：《辽史》卷115《西夏外记》，第1524页。
② 《律令》卷3《盗毁佛神地墓门》，第186页。
③ 《唐律疏议》卷3《名例》三，"免所居官"条，第217页；《唐律疏议》卷10《职制》中，"府号官称犯父祖名"条，第806页；《宋刑统》卷2《名例》，"以官当徒除名免官免所居官"条，第29页；《宋刑统》卷10《职制律》，"匿哀"条，第183页。
④ 《唐律疏议》，"府号官称犯父祖名"条之"问答"，第807页；《宋刑统》卷10《职制律》，"匿哀"条，第184页；《大明律》卷12《礼律》二，《仪制》，"弃亲之任"条，第96页；《大清律例》卷17《礼律》，《仪制》，"弃亲之任"条，第295页。
⑤ 《唐律疏议》卷10《职制》中，"府号官称犯父祖名"条，第806页；《唐律疏议》卷13《户婚》中，"父母被囚禁嫁娶"条，第1027页；《宋刑统》卷10《职制律》，"匿哀"条，第183页；《宋刑统》卷13《户婚律》，"居丧嫁娶"条，第242页；《大明律》卷6《户律》三，《婚姻》，"父母囚禁嫁娶"条，第61页；《大明律》卷12《礼律》二，《仪制》，"弃亲之任"条，第96页；《大清律例》卷10《户律》，《婚姻》，"父母囚禁嫁娶"条，第220页；《大清律例》卷17《礼律》，《仪制》，"弃亲之任"条，第295页。

年；元明清律免职，并以杖刑处分。① 居丧期间生子、纳妾、兄弟异财别居，除受到常人应受的法律处分外，官员要免除所任官职。这些法律规定都在标榜以孝治天下的原则，无一不在维护家族的权益，可知家族主义在中国传统政治中举足轻重的地位及其深切著明的影响。

《律令》极力维护家庭伦理，前文已述及。然而《律令》没有同中原法典一样，制定官职冲犯父祖名讳，丁忧居官、亲老待养而恋栈不去等问题的法规。但《失职宽限变告门》中的一条律文庶几体现了行政法与宗族主义的关系。"前述边中任职位人宽限期分别依前以外，其中或自身染疾病而不堪赴任上，或父母、叔姨、兄弟、妻子、子孙等病重而死生不明及已死等，则□五日期间者，于自身相共职处为宽限期。若无相共职，则当遣子告主职经略使，以十五、二十日为宽限期，当携状而限之。"② 官员必须在规定期限内赴任，否则将受法律处罚，《律令》显然对官员因亲属重病、生死不明或病死而造成的逾期行为给予宽待，也是基于家庭伦常与政治的密切关系。

西夏行政法与宗族主义的关系更体现在官、军、抄的承袭方面。《律令》规定官、军、抄由宗族中的大姓继承直系亲属继承（这里的"大姓"怀疑即汉族的"大宗"）。如果绝嗣，则由小宗旁支继承。所承袭官、军、抄等职，"文官经报中害，武官经报枢密"，并分别奏请皇帝定夺。长期以来，西夏的重要军政要职由部分宗族，尤其是帝族嵬名氏及不同时期的后族所把持，深刻反映了宗族是西夏政权之基石的事实。而帝、后两党之间的斗争往往体现了宗族之间争权夺利的特性。从这一点来讲，宗族主义对西夏政治的影响远较与之同时期的中原政权为甚。

---

① 《唐律疏议》卷10《职制》中，"府号官称犯父祖名"条，第806页；《宋刑统》卷2《名例》，"以官当徒除名免官免"条，第29页；《元史》卷102《刑法志》一，"职制"上，第2614—2615页；《大明律》卷12《礼律》二，《仪制》，"匿父母夫丧"条，第95页；《大清律例》卷17《礼律》，《仪制》，"匿父母夫丧"条，第293页。

② 《律令》卷10《失职宽限变告门》，第352页。

第五章　婚姻

第一节　婚姻的意义与禁忌

一　婚姻的意义

传统社会婚姻的目的在于继往开来，即祖先祭祀与延续宗族，因此，婚姻的核心既不是个人也不是社会，而是家族。两相比较，宗族的延续则最为重要，结婚是子孙对祖先的神圣义务，没有子嗣则是对祖先最大的不负责任，所谓"不孝有三，无后为大"。婚姻因此而具备某种宗教的性质。

二　族内婚

同姓不婚的传统最迟起源于周代，同姓之间排斥性关系，这是伦常关系的需要。而其生理上的理由则来自婚姻实践，即古人通过婚姻实践深知近亲结婚对宗族繁衍的危害，所谓"男女同姓，其生不蕃"。后世依然保持同姓婚的禁忌。唐宋时处以徒刑二年，同姓又同宗表明确有血统关系则加重处分，缌麻以上亲属间的结合则以奸论处。明清两代凡同姓为婚者各杖六十，强制离异。娶同宗无服亲者杖一百，若娶缌麻以上亲，则各以奸论，处刑自徒三年至绞、斩不等。[①] 然而唐宋时代从法律上规定同姓不婚已经没有现实意义，只是标明一种传统与历史的惯性。因人口增殖使同姓未必同宗，未必同血缘，同姓不婚的禁忌已经失去其现实意义，法律上的

[①] 《唐律疏议》卷14《户婚》下，"同姓为婚"条，第1033—1034页；《宋刑统》卷14《户婚律》，"同姓及外姻有服共为婚姻"条，第246—247页；《大明律》卷6《户律》三，《婚姻》，"同姓为婚"条，第62页；《大清律例》卷10《户律》，《婚姻》，"同姓为婚"条，第220页；《大明律》卷6《户律》三，《婚姻》，"娶亲属妻妾"条，第62—63页；《大清律例》卷10《户律》，《婚姻》，"娶亲属妻妾"条，第221页。

规定也渐成具文，对夫妻同姓者一般采取不干涉主义的原则。

《新唐书·党项传》记载，隋唐时期党项迁入内地时尚盛行收继婚制，妻其庶母、伯叔母、兄嫂、子弟妇，唯不娶同姓。可见西夏社会同姓不婚历史悠久，而服制内亲属间的性关系随着其社会的封建化已成为禁忌。《律令》卷8《为婚门》禁止皇族同姓结婚，违律则根据同姓为婚处罚。"西名自五子以上鬼名姓已变，取后姓，允许为婚。西名五子以下依节变姓者，依取用前姓施行，不许为婚，违律时与同姓为婚一样判断。"①同姓男女已经缔结婚姻则强制离异。"同姓结婚之媒人传语者之罪，比结婚者之罪，当减二年为一年，婚姻当改过。"② 甚至不在服制内的同姓婚媾以同姓淫乱罪论处，处以三年徒刑。"行非礼于一种节亲之罪，十恶门内不属宽宥以外，节内亲戚中行淫乱之罪，依以下所定判断，家门一种不治。……三年：虽不属明确宗亲，然而为各远节行非礼以及同姓婚姻。"③这与唐宋律规定同姓不婚形同具文，体现一种历史传统与惯性显然不同，具有真正的现实意义。

三　姻亲

外亲中有服制而辈分差异者，诸如舅舅与外甥女、姨与外甥不得缔结婚姻，违者以奸论，并强制离异。④ 虽无服制而尊卑之间缔结婚姻，诸如姑舅两姨姊妹之属如通婚则违者各杖一百，并强制离异。唐代不禁止中表婚。宋律因袭唐律条文，但宋代判例与律文常相左，因在实际生活里中表婚已成社会习惯，已不可禁绝。明清两代，对中表婚实已默许，若民不举，则官不究。

《律令》对舅父与外甥女、姨母与外甥之间的婚姻未见禁止之明文。根据西夏服制规定，舅父与外甥女、姨母与外甥均是服制内亲属，服制内亲属之间的性关系属悖逆人伦，一旦发生，严惩不贷。但《律令》卷8《行非礼门》只规定外甥与姨母发生性关系处以十二年长期徒刑，未见舅

---

① 《律令》卷8《为婚门》，第306页。
② 同上。
③ 《律令》卷8《行非礼门》，第306页。
④ 《唐律疏议》卷14《户婚》下，"同姓为婚"条，第1034页；《宋刑统》卷14《户婚律》，"同姓及外姻有服共为婚姻"条，第247页。

父与外甥女之间的性关系的刑罚专条。舅父与外甥女，姨母与外甥，具有相同的亲等关系。鉴于《律令》一贯维护家庭伦常的立法精神，甥舅、姨母与外甥之间的婚姻当在法律禁止之列。

《天律盛令》没有禁止中表婚的法律规定，事实上西夏社会普遍存在中表婚。西夏流行"亲上亲，姑坐上甥媳"①的谚语，意思是姑之女儿与其外甥可以为婚。谚语乃广泛流传于民间的言简意赅的短语，反映了社会生活的真实内容，这则谚语折射出西夏社会中表婚的普遍存在。黑水城出土文书6342号是户籍账，其中第14户户主的母亲和妻子是姑侄关系，而户主的岳父则是其舅父。② 这是一则西夏社会中存在着中表婚的实例，弥足珍贵。元昊娶其舅父卫慕氏之女，谅祚娶其舅父没藏讹庞之女，秉常娶其舅梁乙埋之女，都是中表婚。西夏皇室以中表婚缔结政治婚姻，加强与豪族之间的政治联盟以巩固其统治。

四 娶亲属妻妾

亲属的妻妾与亲属成员之间的性关系是血缘关系之外的重要禁忌，为维护伦纪，历代法律处分极严。如娶缌麻亲之妻，徒一年；小功、大功及期亲之妻，以奸论；期亲中之侄妇，小功中之伯叔祖母、堂叔伯母，各绞；近亲配偶为婚，属于灭绝人伦，明清律规定，收伯叔母各斩立决，收兄弟妻者绞决；亲属之妾则各减妻罪二等，父祖之妾则因名分原则，定为斩决。外亲中甥舅属于近亲，等同叔侄，罪责和娶本宗缌麻亲等同，余则不论。③ 实际生活中，贫困人家因经济原因，兄收弟媳、弟收兄嫂的收继婚制是历史悠久的社会习惯，一般情况下，民不告诉，则官不追究，等于消极默许。党项人"蒸母报嫂"的收继婚制受中原士人病诟，如前所述，《律令》已将亲属间的性行为列为禁忌。虽然传统与近世新出土文献中没有娶亲属妻妾的相关内容，但根据《律令》所体现的"礼教"精神，娶亲属妻妾的行为理当禁止。但由于西夏经济落后，因经济原因，兄收弟

---

① 陈炳应：《西夏谚语——新集锦成对谚语》，山西人民出版社1993年版，第12页。
② 史金波：《西夏社会》，上海人民出版社2007年版，第730页。
③ 《唐律疏议》卷14《户婚》下，"尝为袒免妻而嫁娶"条，第1039页；《宋刑统》卷14《户婚律》，"同姓及外姻有服共为婚姻"条，第248页；《大明律》卷6《户律》三，《婚姻》，"娶亲属妻妾"条，第62页；《大清律例》卷10《户律》，《婚姻》，"娶亲属妻妾"条，第221页。

媳、弟收兄嫂的收继婚制作为历史悠久的社会习惯，一般不会轻易退出历史舞台。

第二节　婚姻的缔结

　　婚姻缔结的目的主要在于传宗接代，因此，婚姻的缔结与解除无不体现家族的重要性，婚姻目的既不涉及当事男女本人，也不体现夫妻两造的个人意志。婚姻成立的前提是家长同意，体现的是家长意志，男性的直系尊亲具有绝对的主婚权，社会和法律都承认并维护其权威。① 反之，嫁娶违律，则直系尊亲主婚人负首责，嫁娶者为从。主婚者具有绝对的主婚权，结婚者只是秉持其意志而已。②

　　直系尊亲尤其是父母以他们的意志安排子女婚事，婚姻仪式中的任何一项都是以父母的名义进行的。议亲、纳彩、问名、纳吉、纳征、亲迎无不体现父母之命，媒妁只是父母的传声筒，体现的是父母的意志，新郎亲迎也是承父命而行。

　　婚姻仪式在祠堂或家庙中进行，具有浓厚的宗教氛围。其象征意义在于获得宗教想象中对祖先的禀告，并得到祖先的同意、接纳与福佑，也意味着新人正式被夫家加纳。庙仪式充分体现了祖先在婚姻中的重要性，而用宗教的方式彰显父权则是该仪式的本质。因婚姻的主要目的在于延续宗族血统，使祖先血食不绝。

　　《律令》卷8《为婚门》制定了婚姻缔结与解除的法律条款，实为西夏之婚姻法。律条充分维护了直系尊长的主婚权，婚姻的缔结与解除无不是家长意志与权威的体现。首先，主婚权属于家长，无父母，则由家族尊长主持。"诸人为婚嫁女顺序：亲父母可嫁，祖父母、伯叔、姨、兄弟、嫂等其他节亲不许嫁。若无亲父母，则祖父母及同居庶母、女之同母兄弟、嫂娣及亲伯叔、姨等共议，使往所愿处为婚。若不共议而嫁时，六个月期间可上告，当接状寻问。祖父母、伯叔、姨等嫁女者罪不治，兄弟嫂

---

　　① 《唐律疏议》卷14《户婚》下，"卑幼自娶妻"条，第1054页；《宋刑统》卷14《户婚律》，"和娶人妻"条，第251页。

　　② 《唐律疏议》卷14《户婚》下，"嫁娶违律"条，第1075—1076页；《宋刑统》卷14《户婚律》，"违律为婚"条，第256—258页。

娣嫁则有官罚马一，庶人十三杖。因未共议，婚姻当改过。"其次，因彩礼因素解除婚约，直接责任人是家长，解除婚约而违法，家长受法律惩处，子女免责。再次，夫亡改嫁，首先要征得公婆同意，然后还要取得娘家父母赞同。最后，除"七出"及妇女与人通奸外，婚姻解除，丈夫必须与父母商议，取得父母同意至关重要。① 与中原婚姻所不同者，没有告庙仪式，没有体现出祖先在婚姻中的重要性。

第三节　妻的地位

在以男性为中心的社会里，夫妻是不平等的，而男尊女卑的伦理思想则是其理论基石。女人自始至终完全在男权的控制之中，依附于男性，并不具有独立意志。在"三从"的原则下，妇女出嫁意味着她脱离了父权而交由夫权控制，丈夫取代了父亲；丈夫亡故，则依附于儿子，儿子取代了丈夫。夫为妻纲，妻子永远居于从属地位。

家庭分工则主张男主外，女主内。所谓"内"则主要指缝洗、烹饪、洒扫之类，类同厮役。所管者以妇孺为限，但主妇并不是家长，主妇本人也从属于丈夫，妇女被排斥在家长权之外，而家长权才是家庭中最高的权力。

妻子对家中财产只是秉承家长意志，具有代理行使权，但不具有所有权。传统法律严格规定妻子不具有继承丈夫遗产的继承权，嗣子未成年时只是代行管理权。同时规定妻无私产。

妻子的法律地位等同卑幼。妻子告发丈夫属于干犯名义，和卑幼告发尊长同罪，唐宋律以告期亲尊长罪处以二年徒刑。② 而丈夫告发妻子并不属于干犯名义，唐宋律以尊长告期亲卑幼论处，义与期亲卑幼等同。夫妻相殴杀，唐宋律据尊卑相犯的律条分别加减。妻殴丈夫则加重处罚。唐宋律妻殴夫徒一年，伤重者加凡斗伤三等；③ 丈夫殴妻则采取减轻处罚的原

---

① 《律令》卷8《为婚门》，第306—310页。
② 《唐律疏议》卷24《斗讼》四，"告期亲尊长"条，第1629页；《宋刑统》卷24《斗讼律》，"告周亲以下"条，第418—421页。
③ 《唐律疏议》卷22《斗讼》二，"妻殴詈夫"条，第1547页；《宋刑统》卷22《斗讼律》，"夫妻妾媵相殴并杀"条，第394页。

则，唐宋律以殴伤凡人减二等量刑。实际上丈夫对妻子的殴打只要没有折伤则不予立案，即便有折伤，妻不告发，也就免予处分。在传统社会殴妻极其普遍，被认为是振肃家风，是合理行为；而妻子殴打丈夫则被目为悍妇的无理之举，实骇物听。丈夫殴死妻子，人命关天，殴杀者绞，刃杀、故杀者斩。① 唐宋律丈夫过失杀妻勿论，而妻子过失杀夫则较故杀伤减罪二等，其用意重在名分。

有些论者认为西夏妇女有较高的社会地位，主要表现为西夏妇女的婚姻地位比中原妇女高，笔者认为这种观点很值得商榷。西夏妇女并不担任任何社会职务，基本上被摒弃于社会生活之外，何来社会地位？因此，所谓社会地位问题无须辞费，今就妻在家庭中的地位略呈管见。

西夏妇女并没有家庭中的最高权力。《律令》提及家长权时总是父母并提，给人父母享有平等家长权的印象。其实，这是一种误读。在中原法典里提及家长权也是父母并提，究其实而论，母权永远依附于父权，并没有平等、独立存在的母权。《律令》卷8《夺妻门》、《侵凌妻门》、《威势藏妻门》、《行非礼门》及《为婚门》，因律条繁芜驳杂，恕不一一列举。仔细推究，发现这些律条说明了一个问题，即西夏妇女未嫁从父、嫁则从夫、从子，清晰地反映了妇女被"三纲"束缚的事实。②

西夏妇女没有家庭财产权，甚或自己就是家庭财产的一部分。《律令》规定："诸妇人已至夫主家下，丈夫亡故者，小大孤父不许监管，若监管时徒二年。寡妇行三年孝礼期满，有公婆则不许随意出。若公婆情愿放，有欲赎出者，则有无子女一律当听赎出。无公婆，则愿住即住，愿往乐处即往，夫主之畜物勿取。若公婆孤父等寡妇欲住不令住及欲往乐处不放、妇人自意取畜物等，一律有官罚马一，庶人十三杖。"③ 这款律条除了较集中地证明妇女没有家长权之外，还反映了西夏妇女既没有家庭财产权，又没有个人私产的事实。《律令》卷8《为婚门》按照等级身份规定了各色妇女的婚价，说明西夏婚姻很大程度上是一种买卖婚姻，妇女在婚嫁中被物化，像奴婢一样，成为丈夫或夫家的一种附属物。因此，丈夫可

---

① 《唐律疏议》卷22《斗讼》二，"殴伤妻妾"条，第1543页；《宋刑统》卷22《斗讼律》，"夫妻妾媵相殴并杀"条，第394页。

② 《律令》卷8，第298—314页。

③ 《律令》卷8《为婚门》，第307页。

以略卖妻子。"诸人略卖自妻子者，若妻子不乐从则徒六年，乐从则徒五年。其妻及父、兄弟及其他人举告，则妇人当往所愿处，举告赏依举告杂罪赏法得之。若妻丈夫悔而告者，则当释罪，妻及价钱当互还。"① 尽管丈夫略卖妻子要受到法律惩处，但事关家庭伦常，这样的处罚有避重就轻之感。

妻子举告丈夫，奴婢告主等同，属于违反伦常；② 妻子殴夫，等同于子女殴父、奴婢殴主。反之，丈夫举告妻子，则属于维护伦理纲常，丈夫殴妻也等同于主人扑奴。"诸人女、子、妻子、媳、使军、奴仆等与父母、丈夫、头监等言语不和而被打时，失误动手而伤眼、断耳鼻、伤手脚、断筋等，有官罚马一，庶人十三杖，若死则徒六个月。"③

《律令》规定："父母、丈夫等应服三年丧服者已死，闻之而不哭泣时，徒三年。孝礼未毕而除丧服，忘哀寻乐时，徒六个月。游戏、听乐歌、坐他人筵上时，十三杖。"④ 这是在家庭伦理序列中将妻子放置在子女的序列中。

以上诸端说明西夏社会妻在家庭中的地位并不高，与中原妇女相差无几。这就提醒我们在研究《律令》时，一方面我们要整体性地研读《律令》，以免断章取义；另一方面不能将史籍中诸如母后专权的特例作为普遍性的例证用来分析问题，以防以偏概全。

第四节　夫家

一个女子出嫁意味着脱离了父系宗亲单位而加入了夫系宗亲单位，她的亲属关系将以夫家的亲属关系为核心。如无意外，将在夫家了其一生，从此与娘家不再有经济上的瓜葛；在法律上，因她依附于夫家的亲属关系，其连带责任只限于夫家，和娘家无涉；在宗教方面，她不再参与娘家的祭祀活动。她不论生前死后将永属于夫家，所谓"生是某家的人，死是某家的鬼"。

---

① 《律令》卷6《节上下对他人等互卖门》，第258页。
② 《律令》卷8《烧杀伤门》，第294页。
③ 同上书，第297页。
④ 《律令》卷20《罪责不同门》，第605页。

奉伺舅姑是妇道，如不然，则有亏妇道，是"七出"之一。对舅姑言行不逊，有违人伦，唐宋律骂者徒三年，殴者绞，伤者斩，过失杀者徒三年，伤者徒两年半，谋杀者斩。[①] 拒奸情形下，儿媳殴杀公公因事关人伦风化，才能从轻处罚；如阿翁有乖父道，子媳守贞不从，减罪一等以资奖励，只因法律重视伦理远逾是非。

舅姑杀害子妇则采取减刑原则，多不负法律责任。唐宋律舅姑殴子妇废疾者杖一百，笃疾者加一等，徒一年。明清律则更为宽容。舅姑以违反教令而殴打子媳并致其死亡，过失杀人之外，唐、宋、明、清诸律均处以徒刑三年。[②] 无罪而杀则是故意杀害罪，唐、宋、明、清律均判流两千里。妻子与夫家其他亲属发生斗讼，法律也是根据服制原则分别处理。

西夏妇女一旦嫁入夫家，其亲属关系就以夫家的亲属关系为核心。《律令》有诸多律条涉及这个问题，尤其是《亲节门》，对西夏妇女在夫家亲属关系中的地位给予了明确的法律界定，其法律上的连带责任也是视其在夫家亲属关系中的亲疏程度而定，在经济、法律、宗教诸方面与娘家再无瓜葛。就其实而论，与中原地区没有差别。

《律令》"七出"的法律规定，源于唐宋律。其中不尽心奉侍舅姑，即属"七出"之一。詈骂夫家服制内尊长，被处以死刑，远比中原法典酷烈。《律令》卷14《误殴打争斗门》中，有"殴公婆岳父母"条的名目，而内容已佚，殊为可惜。但根据《亲节门》所立服制规定，卑幼对尊长"已起杀意，虽未暇进行，然已打斗及以强力□□□等，造意以剑斩，家门勿连坐，从犯绞杀"[③]，可推知子媳殴公婆者被施以绞刑，杀害公婆、丈夫更是杀无赦，公婆杀害儿媳则减轻刑罚，处以徒刑了事。

妻子被公婆、丈夫误伤，法律宽贷，从轻发落。"诸人女、子、妻子、媳、使军、奴仆等与父母、丈夫、头监等言语不和而被打时，失误动

---

① 《唐律疏议》卷22《斗讼》二，"妻妾殴詈夫父母"条，第1564页；《宋刑统》卷22《斗讼律》，"夫妻妾媵相殴并杀"条，第394页；《唐律疏议》卷17《贼盗》，"谋杀期亲尊长"条，第1263页；《宋刑统》卷17《贼盗》，"谋杀"条，第310页。

② 《唐律疏议》卷22《斗讼》二，"妻妾殴詈夫父母"条，第1565页；《宋刑统》卷22《斗讼》，"夫妻妾媵相殴并杀"条，第399页；《大明律》卷20《刑律》三，《斗殴》，"殴祖父母父母"条，第167页；《大清律例》卷10《户律》，《婚姻》，"妻妾与夫亲属相殴"条，第499页。

③ 《律令》卷1《恶毒门》，第117页。

手而伤眼、断耳鼻、伤手脚、断筋等，有官罚马一，庶人十三杖，若死则徒六个月"，最高徒十年。《律令》规定官员相殴，量刑时依据官员品阶高低，品阶高则减刑，品阶低则加刑，极力维护等级制度。[1] 儿媳误伤公婆，妻子误伤丈夫，因《律令》内容残缺，无从确知。法律对此必从重罚以维护伦纪，据此可以想见，因其所秉持之刑罚原则相一致故也。综上所述，西夏妇女在夫家的地位极低，其依附于丈夫及其宗族的特征极其鲜明。

第五节　婚姻的解除

一　七出

根据宗法原理，婚姻如不能达到生育目的当自行解除。但以此理由出妻，妻子在年龄方面的限制为年逾五十而无子。子嗣的问题往往以纳妾的方式弥补。妻子无生育能力而又反对纳妾才有可能被出。妻有奸非罪、恶疾、不事舅姑则成被出理由。出妻很少涉及夫妇本人的情感、意志，更多体现了家族、家长的权威，可见这种婚姻更多体现的是家族利益。

《律令》之"七出"，源自中原法典。所谓"七出"，即丈夫因以下任意七种原因解除婚姻关系。其中妻子淫佚，丈夫可自行出妻，无须与父母商议；丈夫因妻无子、不事舅姑、口舌、盗窃、妒忌、恶疾等原因，未经与父母共议而自行出妻，"则有官罚马一，庶人十三杖"。以"七出"的名义解除婚姻，最终决定者并非丈夫，而是家长。

虽犯"七出"，但有"三不去"，则不能出妻。所谓"三不去"，即妻子曾为夫之父母服丧，娶时贫贱、弃时富贵，妻子本宗无人不得归。妻子淫佚是唯一能绝对解除婚姻的条件，其他六种情况并不能绝对解除婚姻。[2]

二　义绝与协离

义绝是强制解除婚姻的一个条件。包括夫对妻家、妻对夫家的殴杀

---

[1]　《律令》卷8《相伤门》，第297页。
[2]　《律令》卷8《为婚门》，第308页。

罪、奸非罪以及妻子对丈夫的谋害罪。恩断义绝，断无相合理由，离婚就成必然选择。离或不离，丈夫没有权利选择，主动权属于法律，必须强制离异。应离而不离则受惩处，唐宋律徒一年，明清律八十杖。虽然离婚更多地体现了家族主义与家长权威，较少体现夫妻在婚姻上的意志，并不是说法律不承认夫妻两造可同意离婚，因夫妻不和而选择离异能得到法律的支持。①

《天盛律令》卷8《为婚门》中有"和离"制度。所谓"和离"，就是中原法典中的"协离"，即婚姻两造协议离婚。《律令》规定："有妻子媳等人情愿出之，则女父母可赎。若女父母可赎而未能赎，他人曰可赎，则妇人及女父母等情愿赎当许，不情愿则不许。若违律时，有官罚马一，庶人十三杖。"② 和离制度体现了妻子父母对女儿的主婚权及家长权。

"七出"及"三不出"的设置，限制了夫之妄为，保护妻之法益，从而稳定婚姻关系。婚姻关系是家庭的基础，而家庭乃封建社会的细胞。夫妻安则家齐，家齐则国治，国治则天下平。这是此律所蕴含的礼义法理。

第六节　妾媵

传统中国社会的婚姻是一妻多妾制，即不论何人在何种情形下只有一妻，礼法只承认一个男人只有一个妻子，而妾则没有数量限制。妻妾的主要区别在于其与丈夫结合的仪式、地位及其权利。妻需明媒正娶，如前所述，需经过一系列堂皇其事的仪式。妾则是买来的，没有婚姻仪式，不能称其为婚姻。丈夫之于妾，实乃主人而非丈夫。妾并不是一名家庭成员，她和夫家的家庭成员没有亲属关系与亲属称谓，也就没有服制，也就没有祭祀与被祭祀的权利。换言之，妾无名分，等同奴婢。在法律上，妾比妻的地位要低得多。殴伤妾较殴伤妻罪减二等。杀害妾，唐宋律处流刑，明清律只是杖一百、徒三年。过失杀则置而不论。妾殴打詈骂夫，则詈骂杖

---

① 《唐律疏议》卷14《户婚》下，"义绝离之"条，第1060页；《宋刑统》卷14《户婚律》，"和娶人妻"条，第252页；《大明律》卷6《户律》三，《婚姻》，"出妻"条，第65页；《大清律例》卷10《户律》，《婚姻》，"出妻"条，第225页。

② 《律令》卷8《为婚门》，第308页。

八十，殴打则比妻殴夫加一等，处以一年或一年半徒刑。折伤以上则比凡斗伤加重四等，以死罪论。①

妻于妾为主母，妻支使妾如同奴婢，殴杀则减罪，如殴伤则减凡人二等，死则以凡论，过失杀则不论；妾于妻则为奴婢，妾不能殴詈侵辱妻，殴詈则与殴詈主夫同罪。

《律令》中没有一夫一妻的规定，但律条中多提"庶母"，即是父祖之妾。如"若无亲父母，则祖父母及共居庶母、女之同母兄弟、嫂娣及亲伯叔、姨等共议，使往所愿处为婚"②。《续资治通鉴长编》卷73记载："是月（大中祥符三年三月），鄜延路言赵德明母亡，宰臣奏曰：'德明顷年已告母丧，朝廷行起复之命，赠赙之典。今复丧母，盖蕃戎之俗，诸母众多，朝廷自合遵守礼法谕之，俟其有请，别加商议。'上可之。"③德明两次向宋告母丧，宋人必深知西夏一妻多妾的婚姻状态，故认定其中必有一人乃庶母，屡次告哀，与礼法不合，并提出朝廷要以礼法晓谕西夏。《宋史》中记载，继迁连娶豪族之女，德明娶卫慕氏、咩米氏、讹藏屈怀氏，元昊七娶，分别为卫慕氏、索氏、都罗氏、咩米氏、野利氏、耶律氏、没移氏。西夏上层一妻多妾的婚姻状态于此可见一斑。

普通百姓中也是存在一妻多妾现象。黑水城文书6342号户籍中第27户的家庭成员有"男一，大一吉功祥有，女三，大三妻子瞿氏五月金，妻子梁氏福事"，户主有一妻一妾。④揆诸社会情理，娶妾者多为有一定经济实力者，传统社会因贫无偶并不鲜见。《马可·波罗行记》提到西夏旧境甘州的婚姻现象时，称："普通人可以娶三十房妻室，有的比这更多，有的则少些，这全凭自己的财力而定。因为他们不仅得不到女方的嫁妆，而且还必须将牲畜、奴隶和金钱分给自己的妻子。结发妻子在家中享有一种优越的地位，丈夫如果发现某个妻子有对不起自己的行为，或不被自己所喜欢，则可将她休回家去。他们可娶表姊妹为妻，甚至可择岳母为

---

① 《唐律疏议》卷22《斗讼》二，"殴伤妻妾"条，第1544页；《宋刑统》卷22《斗讼律》，"夫妻妾媵相殴并杀"条，第395页；《大明律》卷20《刑律》三，《斗殴》，"妻妾殴夫"条，第165页；《大清律例》卷28《刑律》，《斗殴》下，"妻妾殴夫"条，第488页。

② 《律令》卷8《为婚门》，第309页。

③ （宋）李焘：《续资治通鉴长编》卷73，大中祥符三年三月己酉条，中华书局1993年版，第1662页。

④ 史金波：《西夏社会》，上海人民出版社2007年版，第730页。

配偶。他们对于其他许多罪恶的行为，都看成是无足轻重的，这种情形，简直与禽兽无异。"① 如果马可·波罗确实到过甘州，并因故滞留一年之久，这倒是饶有兴味的记录。

---

① 本段译文是笔者据《马可·波罗行记》翻译而成。现将英文原文誊抄如下，以资参考。
The laity take to themselves as many as thirty wives, some more, some fewer, according to their ability to maintain them; for they do not receive any dowry with them, but, on the contrary, settle dowers upon their wives, in cattle, slaves, and money. The wife who is first married, always maintains the superior rank in the family; but if the husband observes that any one amongst them does not conduct herself well to the rest, or if she becomes otherwise disagreeable to him, he can send her away. They take to their beds those who are nearly related to them by blood, and even espouse their mother-in-law. Many other mortal sins are regarded by them with indifference, and they live in this respect like the beasts of the field. Page117- 118, Chapter Xli, *The Travel of Mrco Polo*, Edited By Thomas Homas Wright, ESQ. M. A. F. SA ETC. London：HenryG. Bohn, York Street, Covent Garden, 1854。

第六章 《天盛律令》中的社会阶层

第一节 生活方式

等差秩序是封建社会人伦秩序的核心基础，贵贱不等、上下差异的思想则是关于社会阶层划分的基础思想。这样的价值观被传统社会长期承认并付诸实践，形成了特权等级与一般社会等级的二元对立的差序阶级结构，一个人所属阶级的身份极其重要，而身份是政治性的而非经济性的，超越了依据经济力量定义人在社会阶级结构中的地位，亦即经济实力并不决定一个人的身份，有钱未必有满足某些欲望的权力。

社会地位与身份与人的生理与心理欲望的满足成正比。身份越高，满足人生欲望的可能性也越大。社会地位与身份是满足不同等次的欲望的先决条件。其理论基础毋宁说是儒家的，不如说是荀子的。人的身份通过各种礼仪所规制的生活方式便昭然若揭。传统社会的法律极其严格地维护社会阶层生活方式的差异性，从本质上来说是维护社会秩序。

一 饮食

传统社会根据人的等级与身份限制人的饮食欲望。吃饭也是身份的象征。所谓钟鸣鼎食，所谓"肉食者"，指的是社会上层的饮食与礼仪，而普通劳动者则糠糟不厌，一日三餐不济是常态。

西夏社会吃饭同样是身份的象征。御膳的食材来源、选料、制作、盛器诸方面一旦违误，即遭惩处，充分彰显了皇权独尊的社会地位。《律令》卷12《内宫待命等头项门》规定：

> 御供之食馔、其他用度等应分取准备者，当速分之，好好制作，依数准备。稽缓、盗减、制不精等时，罪依以下所定判断。
>
> 御供之用度分取准备迟者，当比殆误文典罪情各加一等。

一等制作御膳中选择不精及贡献中种种不足等，徒二年。不依时节贡奉、迟缓及是否美味所验不精等，一律徒一年。御膳已毕，经过远路往进，运输中盗减时，无论多少，徒六年。钱价甚多，则与盗减御供用度罪比较，从重者判断。

所准备御供用度，管事处已领时盗减者，当比内宫内外行盗减者，当比内宫内外行盗各种罪情再加一等。

御供之膳、药、酒等种种器中，不许他人饮用。若遵律，是现用器则徒三年，是备用器则徒一年。

和御供膳及和药等中，不好好拣选、器不洁净等，一律徒二年。①

西夏各级官僚也按照等级高低供给食物。《律令》卷20《罪责不同门》中问难磨勘者各级官员的饮食供应规定，反映了西夏各级官员根据等级、身份供给食物的事实：

大人十日一屠，每日米谷四升，二马中一马七升，一马五升，一童子米一升。

□监司写者等一律各自十五日一屠，每日米一升，马食五升，童子一人每日米一升。

案头、司吏二人共二十日一屠，各自每日米一升，共一童子及行杖者一人，各自米一升。②

《罪责不同门》亦反映了大校验畜的各级官员及差吏饮食等级情况：

大人七日一屠，每日米谷四升，中有米一升。四马食：一马七升，三马五升，三童子每日米一升。

□监司写者等一律各十五日一屠，每日米一升，一马食五升，童子一人每日米一升。

二人案头、司吏共十五日一屠，各自一马食五升。每日各自米一

---

① 《律令》卷12《内宫待命等头项门》，第433页。
② 《律令》卷20《罪责不同门》，第614页。

升，其一童子，米一升。

二人各自每日米一升：一人行杖者。一人执器械者。①

而西夏普通百姓作战缺粮时多食大麦、荜豆、青麻子等，一旦因天灾减产，或宋朝禁止粮食贸易，则以杂草、野菜充饥。《隆平集》记载"其民春食鼓子蔓、酿蓬子；夏食苁蓉苗、小芜荑；秋食席鸡子、地黄叶、登厢草；冬则蓄沙葱、野韭、拒霜、灰条子、白蒿、碱松子，以为岁计"②。战争严重时期，西夏人民被迫迁居后方，过着空守沙漠，衣食并竭，老幼穷饿，不能自存的悲惨生活。③

二　服饰

服饰是区别贵贱的主要手段。通过服饰将人的社会地位与身份符号化、具象化。通过服饰的颜色、花纹、质地、制式等区分了人的等级与身份。

区别身份，辨别良贱，服饰的颜色扮演了极其重要的角色。用政治的、法律的手段禁止普通阶层使用某几种颜色，并垄断性地指定某种颜色为何种品级的官员专用。如果官员服饰非其色，便是逾制，逾制是政治问题。唐宋时期紫、朱、青、绿四色为品官专用，流外官与庶民不得服用。唐代流外官与庶民只能穿用黄白两种颜色的服饰。宋代流外官与庶民服皂、白两色。④鄙视商贾乃传统社会常态。商贾虽非贱民，但受贱视。隋代规定屠贾服皂。唐代部曲、客女、奴婢等贱民黄、白、青碧。质地精良的丝织品严格规定了其适用人群的范围，绝大多数人被排除在外。唐代规定流内品官才有资格穿用绸、绫与罗，流外官以下以至于奴婢则只许服用䌷、绢、绝、布，宋代庶民规定只能穿用布衣。⑤元、明以下更为苛细，此不赘述。

冠、帽、头巾更是极具身份符号的工具，封建时代的头饰无不体现其

---

① 《律令》卷20《罪责不同门》，第614页。
② 《隆平集》卷20《赵保吉传》，文渊阁四库全书影印本，第129册，第199页。
③ 《长编》卷446，"元祐六年九月壬辰"条，第11132页。
④ 《旧唐书》卷45《舆服志》，第1931页；《宋史》卷153《舆服志》五，第3563页。
⑤ 《旧唐书》卷45《舆服志》，第1952页；（宋）王栐撰，诚刚点校：《燕翼诒谋录》卷1《臣庶许服紫袍》，中华书局1981年版，第8页。

等级性。唐代庶人帽子要暴露颜面，不得遮掩。鞋子也体现等级原则。唐代流外官以及庶民妻女不能穿五色线靴履。① 佩饰方面，某些高贵材质禁止庶民佩戴，唐代金、银、玉、鍮石品官才能佩戴，庶民用铜、铁。品官佩饰等级也极森严。② 宋代品官以金、银、玉、犀装饰其带，庶民、胥吏、商贾只许以铜、铁、角、石等装饰衣带。③ 丈夫或儿子地位决定了妇女的地位，因此，丈夫或儿子的服饰等级决定了妇女的服饰等级。贞观四年制定品官服色，妇人从夫之色。开元十九年令妇人服色依据丈夫与儿子的服色。金玉珠翠为命妇专用，一般妇女即便富可敌国也无权染指。宋代除命妇外，禁止普通妇人佩戴金饰、珍珠。④

夏州割据政权自唐末建立，历五代迄于宋初，达150余年，其基本政治制度本属中原，饮食、衣冠亦受中原文化影响至深。元昊与德明关于更革衣冠的讨论，于此可见一斑。元昊曾数谏其父勿臣宋，德明辄戒之曰："吾久用兵，疲矣。吾族三十年衣锦绮，此宋恩也，不可负。"元昊曰："衣皮毛，事畜牧，蕃性所便，英雄之生，当王霸耳，何锦绮为？"⑤ 元昊裂土称王，建国立制，异服饰以别贵贱，殊颜色而明等级。《宋史》卷485《夏国传》记载元昊"始衣白窄衫，毡冠红里，冠顶后垂红结绶，自号嵬名吾祖。文资则幞头、鞾笏、紫衣、绯衣；武职则冠金帖起云镂冠、银帖间金镂冠、黑漆冠，衣紫旋襕，金涂银束带，垂蹀躞、佩解结锥、短刀、弓矢韣，马乘鲵皮鞍，垂红缨，打跨钹拂。便服则紫皂地绣盘球子花旋襕，束带。民庶青绿，以别贵贱"⑥。西夏服饰制度既有党项民族服饰特色，也保留了大量中原服饰特征。以致庆历时期富弼认为"拓跋自得灵、夏以西，其间所生豪英，皆为共享。得中国土地，役中国人力，称中

---

① （宋）王溥撰：《唐会要》卷31《舆服》上，《章服品第》，中华书局1955年版，第570页。

② （唐）杜佑撰，王文锦等点校：《通典》卷61《嘉礼》六，"君臣章服制度"，中华书局1988年版，第1727页；《通典》卷63《嘉礼》八，"天子诸侯玉佩剑绶玺印"，第1769页；《旧唐书》卷45《舆服志》，第1954页；《唐会要》卷31《舆服》上，《章服品第·杂录》，第573页。

③ 《宋史》卷153《舆服志》五，第3564页。

④ 同上书，第3576页；《燕翼诒谋录》卷2《禁奢靡》："非命妇不得以金为首饰，许人纠告，并以违制论。"第18页。

⑤ 《宋史》卷485《夏国传》上，第13993页。

⑥ 同上。

国位号，仿中国官属，任中国贤才，读中国书籍，用中国车服，行中国法令，是二敌所为，皆与中国等"①。富弼的认识有相当见地。《律令》卷12《内宫待命等头项门》规定"汉臣僚当戴汉式头巾。违律不戴汉式时，有官罚马一，庶人十三杖"。这一条律文透露出来的信息极其重要，说明西夏官服蕃汉有别，各成系统。②《宋史》卷485《夏国传》在叙述西夏官职时曾说："自中书舍、宰相、枢使、大夫、侍中、太尉已下，皆分命蕃汉人为之。"③西夏政治机构除中枢机构外，与辽一样似乎实行蕃汉两套政治机构。

《律令》卷7《敕禁门》从颜色、材料、纹饰、佩饰等诸方面严格规定了西夏各色人等的服饰等级以及违律之处罚，令服饰成为社会成员等级与身份的标志。以下是《敕禁门》的相关律条：

> 节亲主、诸大小官员、僧人、道士等一律敕禁男女穿戴乌足黄汉语石黄、乌足赤汉语石红、杏黄汉语杏黄、绣花、饰金、有日月，及原已纺织中有一色花身，有日月，及杂色等上有一团身龙汉语团身龙，官民女人冠子汉语语冠子上插以真金之凤凰龙样一齐使用。倘若违律时，徒二年，举告赏当给十缗现钱，其中当允许女人穿红、黄各种衣服。又和尚中住家者及服法依另穿法：袈裟、裙等当是黄色。出家者袈裟等当为黄色，大小不是一种黄，当按另外颜色穿。若违律穿纯黄衣时，依律实行。前述衣服、髻冠等诸人所有应毁当毁，欲卖，当于应卖何处自愿去卖。
>
> 诸大小官员、僧人、道士诸人等敕禁：不允有金刀、金剑、金枪，以金骑鞍全盖全□，并以真玉为骑鞍。其中节亲、宰相及经略、内宫骑马、驸马，及往边地为军将等人允许镶金，停止为军将则不允再持用。若违律时徒一年，举告赏给十缗钱。④
>
> 全国内诸人鎏金、绣金线等朝廷杂物以外，一人许节亲主、夫人、女、媳，宰相本人、夫人，及经略、内宫骑马、驸马妻子等穿，

---

① 《长编》卷150，"庆历四年六月午戊"条，第3641页。
② 《律令》卷12《内宫待命等头项门》，第430页。
③ 《宋史》卷485《夏国传》上，第13993页。
④ 《律令》卷7《敕禁门》，第282—283页。

不允此外人穿。其中冠"缅木"者。违律时告赏五缗钱，当由穿戴者出给。穿戴何物皆当交官，当依现卖法给价。若死葬，亦当依前述等次实行。

各级官员朝会时如不按照等级规定穿戴朝服，罚俸或杖责。节亲（皇室宗亲）、宰相等第一次罚三缗，第二次罚五缗，三次以上罚七缗；驸马、次等司正、中书枢密承旨等，第一次罚二缗，第二次罚四缗，三次以上罚五缗；中等司正、次等司承旨以下有及品官等，第一次罚一缗，第二次罚二缗，三次以上罚三缗；有杂官及未任职位官等，第一次罚三缗，第二次罚五缗，三次以上罚七缗；第一次八杖，第二次十杖。"前述有官人应服大朝服。压于发冠时，受不服朝服之罚法，当纳二分者可纳一分。"①

总之，西夏社会用服饰区别人的社会地位与身份，体现了等级制的核心价值观。

三　房屋

房舍根据礼制，亦有定制。通过屋舍的品第体现社会阶层的等级性，社会与法律从理论上不容许屋舍逾制，从而维护等级秩序。房屋间架，唐代三品以上官员厅堂不得超过五间九架，四、五品官员不得超过五间七架，六、七品官员不得超过三间五架，庶民厅堂三间四架。宋代六品以上官员才有资格建乌头门。庶民不得施重拱，不得用藻井及五色文彩为饰，不能建四铺飞檐。庶人屋舍，五架，门一间两厦而已。② 唐代以后诸朝，在此基础上略有变化，保持不变的是等级原则。

房屋装潢，重拱藻井非王宫皇室不许使用，品官之家亦无资格。品官厅堂可建瓦兽，而常参官才可装饰悬鱼对凤。③ 自唐代始，只有品官之家才可雕梁画栋，庶民居处没有资格彩饰。④ 屋舍大门更成等级象征，所谓门当户对，就是根据大门形制确定婚姻圈的等级。唐代五品以上官员可建

---

① 《律令》卷12《内宫待命等头项门》，第430页。
② 《唐会要》卷31《杂录》，第575页；《宋史》卷153《舆服志》六，《臣庶屋室制度》，第3600页。
③ 《唐律疏议》卷26《杂律》，"舍宅车服器物违令"条之"疏"，第1818页。
④ 《唐会要》卷31《杂录》云：庶人不得辄施装饰，第575页；《宋史》卷153《舆服志》云：凡民庶家不得以五色文彩为饰，第3600页；（明）申时行等修：《大明会典》卷59《房屋器

设乌头门。庶民庭户、大门皆不得装饰。① 唐宋时代三品以上官员可门口树戟,以示崇高,使人一望而知等第。②

宋代规定帐幔、承尘、床裙等室内装饰一律不许用纯锦遍绣。朱红漆木器具为御用,士庶禁用。③ 金玉器皿为宫禁专用,官宦之家也不能任意使用,唐代一品以下官员器皿不得用纯金纯玉。宋代一律禁断以金装饰的器物。三品以上官员、宗室才容许用金棱器,酒食器非宫禁不得使用纯金器,御赐听用。④

党项族内徙后,很长一段时间以帐篷为住房,是长期适应游牧生活而形成的居住方式的遗留。但党项人随着其封建化而逐渐定居,居住方式也发生了根本性改变。《隆平集》卷20说西夏"民居皆立屋,有官爵者,始得覆之以瓦"⑤。屋宇质朴简单。德明统治以来,西夏统治者逐渐大兴土木,所建宫殿规模恢宏,富丽壮观。西夏建筑屡遭兵燹,百不存一。今银川市西郊之西夏王陵建筑区虽仅剩残垣断壁,但依稀可见其昔日之恢宏。陵区东西四公里,南北十公里,内有西夏帝陵九座,陪葬墓二百余座。陵墓形制模仿巩陵,由阙、碑亭、月城、内城、献殿、灵台、内神墙、外神墙、角台等单体建筑组成,基本按照华夏建筑中轴线对称的格式修建而成,其陵塔建筑又反映了佛教文化对西夏建筑与丧葬方式之影响。建筑整体布局彰显皇家至高无上的权威性。陵区陪葬墓,其规模与形制存在显著差异。王陵虽然不是生活房屋,但以不争的事实说明了西夏建筑所秉承的等级制度,等级制必体现在生活建筑中是符合逻辑的。

《律令》虽然没有像唐宋律明确规定屋舍定制以及逾制之处罚条款。其零星条文也反映了通过屋舍的品第体现社会阶层等级的立法精神。《律

用等第》云:"庶民所居房舍不过三间五架,不许用斗拱及彩色装饰。"明正德刻本,第1页又,洪武"三十五年申明军民房屋不许盖造九五间数,……九品厅堂梁栋止用粉青刷饰",明正德刻本,第6b页;《大清律例》卷17《礼律》,《仪制》,"服舍违式"条,第290页。

① 《唐会要》卷31《杂录》云"庶人不得辄施装饰",第575页;《宋史》卷153《舆服志》云"凡民庶家不得以五色文彩为饰",第3600页。

② 《唐会要》卷32《舆服》下,《戟》,第585页;《宋史》卷150《舆服志》二,《门戟》,第3514页。

③ 《宋史》卷153《舆服志》五,第3575页。

④ 《唐律疏议》卷26《杂律》,"舍宅车服器物违令"条之律疏,第1818页;《宋史》卷153《舆服志》五,第3574页。

⑤ 《隆平集》卷20《赵保吉传》,文渊阁四库全书影印本,第129册,第200页。

令》不许以金饰装饰房屋，民舍装饰不得使用大朱、大青、大绿等颜色。并规定一旦违律，即行拆除，并给予处罚。《律令》卷7《敕禁门》："诸人为屋舍装饰时，不许用金饰。若违律用金饰时，依前述做金枪、剑、辔鞍等罪状告赏法判断，所装饰当毁掉。佛殿、星宫、神庙、内宫等以外，官民屋舍上除□花外，不允装饰大朱，大青，大绿。旧有亦当毁掉。若连律，新装饰，不毁旧有时，当罚五缗钱，给举告者，将所节做毁掉。"①

四 车马

车马及其装饰同样区别了人的身份与等级。唐代禁止商贾、僧道、贱民骑乘。② 车轿的使用等级性更为严格。唐宋时代平民没有资格骑马、乘舆，只限坐牛车。即便是贵戚大臣不经特许也不能乘舆，百官出入都是骑马。南宋时期才允许百官乘舆。当然，现实生活中违制、逾制的现象还是存在的。③

车舆马饰及舁轿人数无不体现乘坐者的等级属性。唐亲王及武职一品象辂青油纁，朱里通幰朱丝络网，二品、三品革辂朱里青通幰，四品木辂，五品轺车皆碧里青偏幰。一品九旒，二品八，三品七，四品六，鞶缨同旒数。外命妇三品以金铜饰犊车檐子，四品、五品白铜饰犊车檐子，六品以下画奚车檐子。宋制三品以上革车绯幰，县令乘轺车紫幰，内命妇及皇亲乘银装白藤舆檐，外命妇乘白藤舆檐，金铜犊车，漆犊车。庶人所用

---

① 《律令》卷7《敕禁门》，第283页。
② 《唐会要》卷31《舆服》上，《杂录》，第572页。
③ （宋）欧阳修、宋祁等撰：《新唐书》卷24《车服志》，中华书局1975年版，第532页；《新唐书》卷24《车服志》，第514页；《宋史》卷150《舆服志》二，第3506页；"故事：百官入朝，并乘马。政和三年十二月十一日，以雪滑，特许暂乘车轿，不得入宫门，候路通，依常制。自渡江后，方乘轿，迄今不改"。（宋）赵彦卫撰，傅根清点校：《云麓漫钞》卷7，中华书局1996年版，第120页；"咸通中，举子乘马，惟张潮跨驴。后敕下不许骑马，故郑昌图肥，是有嘲詠"。（宋）钱易撰，黄寿成点校：《南部新书》戊，中华书局2002年版，第65页；"故事，百官出入皆乘马。建炎初，上以维扬砖滑，谓大臣曰：'君臣一体，朕不忍使群臣奔走危地，可特许乘轿。'盖东都旧制，惟妇人得乘车，其他者德大臣或宗室近属行尊者，特旨许乘肩舆，已为异礼。靖康末，高宗奉使至磁，磁守宗汝霖以所乘轿进，黑漆紫幰而已。上犹却之。盖在京百官不用肩舆，所以避至尊也。今行在百官，非入朝乘马者。旧在京，非宰辅、使相、亲王无得张盖。绍兴后，北使到则用之，伴使因亦然，至今以为例。"（宋）李心传撰，徐规点校：《建炎以来朝野杂记》甲集卷3《典礼》，"百官肩舆盖"条，中华书局2006年版，第100—101页。按：各书皆言北宋时丞相非特恩不得乘舆，独《南部新书》云元和以后丞相始诏乘肩舆，与诸书所记不同。

苇车及兜笼，从名称上便可以想象其简陋。抬轿的人数，唐命妇檐舁以八人，三品六人，四品、五品四人，庶人所用兜笼二人。宋制庶人所乘兜子亦不得过二人。① 马饰的差异极大。宋代只有京官三品以上外任者许以缨饰。② 鞍辔历代都有详细规定。唐制未仕者不许用银及鍮石装饰，只能用乌漆鞍铁踏镫，且只许乘蜀马小马。③ 宋制，绣鞯及闹装校具只限宗室及恩赐者使用，闹装银鞍只限于五品官以上，六品以下官及工商庶人便只能用乌漆素鞍及毡皮施绸鞯子。④

车骑仪卫也是区别身份贵贱的重要标志之一。自皇帝以至百官仪卫各有等级，并执行行路以贱避贵的原则。⑤ 官员仪从则与官员品级高低成正比，官阶愈高，则仪从愈盛。唐时一品仪从七骑，二品、三品五骑，四品三骑，五品二骑，六品一骑。唐、宋一品官卤簿除鼓吹、伞、扇、輂、旛、盖外，戟、刀、盾、弓箭、稍等兵仗多至三百数十，随从的清道、车辐、驾士亦在四十以上，僚佐尚不在内，一行威仪之盛，借此可以想见。⑥ 庶民没有资格使用仪卫。

由以上事实可知，通过法律、礼制的手段将人的身份差异制度化、固化，并以成文法作为制裁手段。当人的身份差异成为固化的制度时，就是从政治、社会、法律的层面承认人的等级差异以及与之对应的权利。唐宋时代对僭越者的惩处极严厉。唐宋律对住宅、车马、器物逾制者杖一百，对衣物逾制者杖四十。⑦ 官员作为社会特权阶级，致仕与否，法律均维系其特权身份，而官员家属因父祖的身份，即便本身没有官衔，仍享受其父祖特权，社会地位与一般平民判若云泥，依然属于特权阶级。⑧ 当然，社

---

① 《新唐书》卷24《车服志》，第513—514页；《唐会要》卷31《舆服》上，《杂录》，第574页；《宋史》卷150《舆服志》二，第3510页；《宋史》卷153《舆服志》五，第3574页。
② 《宋史》卷150《舆服志》二，第3511页。
③ 《唐会要》卷31《舆服》上，《杂录》，第574页；《新唐书》卷24《车服志》。
④ 《宋史》卷150《舆服志》二，第3511页。
⑤ 《唐律疏议》卷27，《杂律》"违令式"条之律疏，第1943页；《宋史》卷118《礼志》二十一，《宾礼》三，第2788—2789页。
⑥ 《新唐书》卷24《车服志》，第531—532页；《通典》卷107《开元礼纂类》二，《序例》中，"群官卤簿"条，第2788—2789页；《宋史》卷147《仪卫》五，第3457—3458页。
⑦ 《唐律疏议》卷26，"舍宅车服器物"条，第1817页。
⑧ 《唐会要》卷31《舆服》上，《杂录》，第570页；《宋史》卷153《舆服志》六，第3600页。

会现实并非死水一潭，一如其贯地保持严格的等级差异绝不可能，违制僭越的事情并不少见，甚至成为一种社会风气。正如苏洵所云："先王患贱之凌贵，而下之僭上也，故冠服器皿皆以爵列为等差，长短大小莫不有制。今也，工商之家曳纨锦，服珠玉，一人之身循其首以至足，而犯法者什九。此又举天下皆知之而未尝怪者三也。"①

《舆服志》是中国纪传体史书中有关车马服饰的专志，为后人了解历史时期车马服饰方面的情况提供了便利。西夏亡国，历史文献丧失殆尽，没有舆服方面的历史记录，因此，研究这个问题的资料就显得极其不尽如人意了。《辽史》卷115《西夏外记》简略记载元昊"出入乘马，张青盖，以二旗前引，从者百余骑"②。皇帝出行，骑马张盖，乃游牧遗风，非中原仪轨。据《律令》卷10《司序行文门》，西夏有"马院司"，属下等司，出车院，属末等司。就其职官设置而言，二司在西夏政治机构中并不重要，马院司设承旨三人，出车院仅设小监二人，地位更低。③尽管材料很缺乏，从极稀少的材料中，仍然放映出西夏车马及其装饰也实行了等级制。《律令》规定"诸官民青帐、白帐等敕禁：其中允许头盖青下为白。若连律为一种白、青时，有官罚马一，庶人十三杖。……诸大小官员，僧人、道士诸人等敕禁：不允……以金骑鞍全盖全□，并以真玉为骑鞍。其中节亲、宰相及经略、内宫骑马、驸马，及往边地为军将等人允许镶金，停止为军将则不允再持用。若违律时徒一年，举告赏给十缗钱"④。

第二节　阶级内婚

一　阶级内婚

中国自周代以来，直至9世纪，生物性是决定人的身份与等级的主要因素，因此，阶级内婚制被严格实施。一旦越出本阶级范围婚娶，就会引起社会舆论强烈的反弹。王满连姻，沈约弹劾曰："王满连姻，实骇物

---

① （宋）苏洵著，曾枣庄、金成礼笺注：《嘉祐集笺注》卷5《论衡》之《申法》，上海古籍出版社1993年版，第116页。
② 《辽史》卷115《西夏外记》，第1523页。
③ 《律令》卷10《司序行文门》，第371—372页。
④ 《律令》卷7《敕禁门》，第283页。

听",建议对王源免官,并禁锢终身。士庶之间不许通婚不但被社会礼俗所接受,而且受到法律支持。科举推行后,社会身份主要基于个人的努力与际遇,与血缘、门第并不相涉。同时,士庶之间也不存在不可逾越的鸿沟,因科举制引起社会阶层的流动与升降,阶级内婚制逐渐失去意义。

中国传统社会良贱之间不通婚姻的禁忌远比士庶之间严格。因为一登贱籍,便入另册,已无独立人格,法律层面即以非人的身份对待之。社会与法律禁止良贱之间通婚,这里主要指的是贱男娶良家女子。刑事处罚之外,从法律上彻底撤销这种婚姻关系,严格维系阶级内婚制。正如《唐律疏议》所谓"人各有耦,色类须同,良贱既殊,何宜配合?"①唐宋时代官私贱民种类不同,地位各异,法律关于贱民通婚的限制也不相同。官户、杂户是一个内婚团体,所谓"当色为婚"。杂户与良人通婚者杖一百,官户娶良人女者同罪。太常音声人"婚姻绝于士类,名籍异于编氓",后来才下诏蠲除,一同民例。奴自不得与良人为婚,违者徒一年半至二年。部曲、客女的地位实居良贱之间,所以他们的法律地位较奴婢为高,而婚姻的限制亦较自由,可以同类相求,可以降格与奴婢为婚,亦可以与良人为婚。良人养杂户男女为子孙也属违法。唐宋律规定,养男,徒一年半;养女,杖一百,官户加一等。②唐宋以后,贱民主要指奴婢。贱民娶良,良民降格从贱,唐、宋、明、清律规定必须离异,并科以徒刑或杖责。奴婢依附于家长,奴婢婚姻由家长决定。因此,法律责任也由家长承担。替奴娶良、奴自行娶良或知奴娶良而不禁止,家长减奴罪二等。若家长将奴隶所娶良人压入贱籍,唐、宋律流三千里,明、清律处罚相对较轻,杖一百。③

---

① 《唐律疏议》卷14《户婚》下,"奴娶良人为妻"条之律疏,第1063页。
② 《唐律疏议》卷12《户婚》上,"养杂户男为子孙"条,第946条;《宋刑统》卷12《户婚律》,"养子"条,第218页;《唐律疏议》卷14《户婚》下,"杂户官户与良人为婚"条,第1067页;《宋刑统》卷14《户婚律》,"主与奴娶良人"条(按:似应为"诸与奴娶良人"),第253—255页。
③ 《唐律疏议》卷14《户婚》下,"奴娶良人为妻"条,第1063页;《宋刑统》卷14《户婚律》,"主与奴娶良人"条,第253页;《大明律》卷6《户律》三,"良贱为婚姻"条,第64页;《大清律例》,"良贱为婚姻"条,第225页。

二 婚姻仪式的阶级性

婚姻仪式体现出鲜明的阶层性。"品官婚礼纳采、问名、纳吉、纳征、请期、亲迎、同牢、庙见、见舅姑、姑醴妇、盥馈、飨妇、送者并如诸王以下婚，但四品以下不用盥馈飨妇礼，士庶人婚礼并问名于纳采，并请期于纳征。"所谓"六礼"的婚仪只限于士人品官，庶人则无力承办，不在此限。① 婚礼上使用仪式性物品区分人的等级。诸如纳币的数量与质量、仪仗、筵席、亲迎车舆以及新郎、新娘的礼服，在等级性方面于历代礼书中都有明确规定，《通典》所载亲王纳妃与公主出降之婚仪物品等级性于此可见一斑。② 通过婚仪物品来显示门第，划分等级，区别身份。从理论上讲，一旦有人僭越，则依律论罪。但社会生活中豪奢逾制渐成风气，法律也放任自流了。

关于西夏社会的阶级内婚，资料极为有限，但其存在是肯定的。《律令》卷8《为婚门》"官家之女子、合门帐下女子、织绣绢、结线□□沙州女子等等未有丈夫，本二人愿□□生子女者，女当从母随意而嫁，男则随男相共而出。是官人根则辅主中注册，是使军则不许为使军，所愿处当为官人辅主中。不注册时，有官罚马，庶人十三杖"③。根据这则律条，官奴仆的主婚权属于官家，其婚姻范围局限于其阶级内，也分了良贱。《律令》卷12《无理注销诈言门》规定："使军未问所属头监，不取契据，不许送女、姐妹、姑等与诸人为婚，连律为婚时徒四年，妇人所生之子女当一律还属者。前已予价，为婚之使军能自予则当自予，不能则当罚主人。前述往使军已问所属头监，乐意给予契据，则允许将子女、媳、姑、姐妹妇人等卖与他人，及与诸人为婚。"私奴婢的主婚权显然同样属于主人，良贱之间确实也存在着通婚限制，但未及中原地区严格。《律令》规定"官人自身乐意，当允许将姑、姐妹、女等与使军为婚"④。可

---

① "品官婚礼"条："纳采、问名、纳吉、纳成、请期、亲迎、同牢、庙见、见舅姑、姑醴妇、盥馈、飨妇、送者，并如诸王以下婚。四品以下不用盥馈、飨妇礼。""士庶人婚礼"条："并问名于纳采，并请期于纳成。其无雁奠者，三舍生听用羊，庶人听以雉及鸡鹜代。"《宋史》卷115《礼志》十八，《嘉礼》六，第2740页。

② 《通典》卷129《礼》八十九，《开元礼纂类》二十四，《嘉礼》八，第3300—3326页。

③ 《律令》卷8《为婚门》，第310页。

④ 《律令》卷12《无理注销诈言门》，第417页。

见良贱之间通婚，尤其是良人下嫁贱民，良人家长同意下嫁则是良贱婚姻成立的基础。

从《律令》卷8《为婚门》并未完整呈现西夏婚姻仪式，是否如中原一样存在"六礼"仪式，尚不得知。但如上文所述，即便是中原地区，"六礼"也仅限于士人品官，庶人因经济窘迫而无力承办。《为婚门》按照人的身份与社会地位规定了婚价与嫁妆等级。

> 诸人予为婚价次第：①
>
> 殿上坐节亲主、宰相等以自共与其下人等为婚者，予价一律至三百种以内，其中骆驼、马、衣服外，金豹、虎皮等勿超百五十种。
>
> 节亲主以下臣僚等以自共与诸民庶等为婚，嫁女索妇时，一律予价二百种以内，其中骆驼、马、衣服外，金豹、虎皮等勿超百种。
>
> 自盈能等头领以下至民庶为婚，嫁女索妇等，予价一律一百种以内，其中骆驼、马、衣服外，金豹、虎皮等勿超二十种。
>
> 为嫁妆次第：
>
> 一钱当予实价二钱以内，不许滥超其数。一年期间予者，告则罪不治，所予超数当退还。倘若违律，追告不还及逾期告状寻问者等，一律有官罚马一，庶人十三杖。
>
> 为婚价予三百种之嫁妆中盖帐三具，二百种盖二具，一百种盖一具。无力亦允许不盖，不许比之增盖。
>
> 为婚嫁妆盖帐者，三具、二具盖七十木以及六十木以内，不许超出木数。
>
> 诸人为婚，有送女嫁妆中送服饰及奉客时，服饰等一律予价三百种送七十服，予价二百种送五十服，予价一百种送十服以内。无力允许不服，不许比之超服及衣服全予。
>
> 前述为婚中，取腹股婚服、索妇食、帐末食、客人来往食、烤房食等时，传转物者，勿计入嫁妆。
>
> 诸人为婚中，予价及回婚姻时帐木累计超盖、服饰等前述已明以外，不许比之超出服、盖。若逮律时，所超嫁妆追告退还，承罪与所定相同。

---

① 《律令》卷8《为婚门》，第311—312页。

通过上述材料可知，西夏社会以婚价与嫁妆的物品与数量区分了婚姻等级，与中原社会相一致。在现实生活中是否按律执行，史料阙如，已不可考。

第三节 丧葬

丧葬用器、仪式等无不指明身份差异、阶级差别，无一不体现别贵贱的礼制思想。殓衣的式样、颜色、数量区分了官与民。官员可以官服入殓，庶民则殓以常服。死者地位越高，殓衣数量越多，庶人则只有一袭殓衣。死后的"含"亦自璧饭至于银屑，根据死者身份，各有等差。棺木用材、用色、装饰也有等级。盖棺铭旌的题写、长短与官品成正比。[①] 随葬明器的质地、大小、数量与死者身份地位相匹配，庶人明器数量极少。[②]

官员出殡可用生前仪仗，这是官僚特权的延续。八品官员可用方相、魌头作专用丧仪，四品以上用方相，七品以上用魌头。[③] 出殡丧车，死者品阶越高，装饰也越华奢。庶人丧车极简陋。唐代规定无官庶民不能用油幰、流苏、缯彩装饰丧车。抬棺柩的人数根据品级高低而有差异，后唐时期多至二十余人，庶人只有八人。[④]

葬期长短在礼制方面虽然没有严格规定，但一般庶民之家因经济的原因也不可能迟葬，因为多停一天意味着多花一天的费用，这不是他们可以承担的。

坟茔高广自古就有定制，死者的官阶越高，坟头越高，墓地占地面积

[①] 《通典》卷84《礼》四十四，《凶礼》六，《丧制》之二，"小殓"条，第2284—2285页；（宋）司马光：《书仪》卷5《丧仪》一，第8页；《通典》卷138《礼》九十八，《开元礼纂类》三十三，《凶礼》五，第3506—3515页。

[②] 《通典》卷108《礼》六十八，《开元礼纂类》三，《序例》下，"杂制"条，第2812页；《唐会要》卷38《葬》，第691页；（宋）王溥撰：《五代会要》卷9《丧葬》下，上海古籍出版社1978年版，第142—143页；《宋史》卷125《礼》二十八，《凶礼》四，第2917页。

[③] 《五代会要》卷8《丧葬》上，第133—134页；《宋史》卷124《礼》二十七，《凶礼》三，第2910页；《通典》卷139《礼》九十九，《开元礼纂类》三十四，《凶礼》六，"陈器用"条，第3536页。

[④] 《唐会要》卷38《葬》，第698页；《五代会要》卷8《丧葬》上，第138页；《五代会要》卷9《丧葬》下，第143页。

越大。品官墓地多则周长九十步，冢高达一丈八尺，余则依次降低。庶人茔地周围九步，坟头高仅四尺而已。① 根据礼制，庶人不得树碑立碣。品官碑碣则依据官品规定了其规格。当然，品官之家，如经济能力有所不逮，丧事也只好从简了。

贵得用贱，贱不得用贵，这是历代的丧葬原则。其基本精神乃在于维护等级制度，保护特权阶层的特殊利益。违反者将受法律惩处。唐宋时期，坟茔石兽生违制者杖一百，违式石兽、碑碣皆令改正。葬物涉嫌僭越，责令毁除。② 承办行人、工匠、售卖者都被追罪。失察官员也被问责。③ 虽然礼制、法律方面的规定非常严格，但现实生活中，尤其是丧葬方面僭越的情形很普遍。所谓"……丧葬之礼，素有等差，士庶之室，近罕遵守，逾越既甚，糜费滋多。臣忝职宪司，理当禁止，虽每令举察，亦怨谤随生，苟全废纠绳，又议责立至"④。因为儒家伦理中的"孝"的原则在政治上被推崇，而厚葬又是"孝道"的体现，法律与伦理原则冲突的情形下，法律反而不便严格追究丧葬违式，律文也就成了具文。

丧葬属凶礼，历代多载之于礼书。西夏丧葬，史籍偶有道及，往往寥寥数语，更有道听途说、荒诞不经者。如论及丧葬方式之天葬时，论者多引用《友会谈丛》中的一段记载作为主要证据。其文云"（麟府州）人性顽悍，不循理法。……凡育女稍长，靡有媒妁，暗有期会，家不之问。情之至者，必相挈奔逸于山岩掩映之处，并首而卧，绳带置头，各悉力紧之，倏忽双毙。二族方率亲属寻焉，见而不哭，谓男女之乐何足悲悼。用缯彩都包其身，外裹之以毡，椎牛设祭，乃条其革，密加缠束。然后择峻岭架木，高丈余，呼为女棚。迁尸于上，云于飞升天也。二族于其下击鼓

---

① 《通典》卷108《礼》六十八，《开元礼纂类》三，"杂制"条，第2811页；陈高华等点校：《元典章》卷30《礼部》三，"葬礼"条，中华书局、天津古籍出版社2011年版，第1066页；《大明会典》卷162《工部》二三，坟茔"职官坟茔"条，第16页；《清律例》卷17《礼律》，《仪制》，"服舍违式"条，第291页。

② 《唐律疏议》卷26《杂律》上，"舍宅车服器物违令"条，第1818页；《宋刑统》卷26《杂律》，"营造舍宅车服违令"条，第473页；《五代会要》卷8《丧葬》上，第137页；《宋史》卷125《凶礼》四，"士庶人丧"条。

③ 《五代会要》卷8《丧葬》上，第137页，卷9《丧葬》下，第143页；《唐律疏议》卷26《杂律》上，"舍宅车服器物违令"条，第1818页。

④ 《唐会要》卷38《葬》，第696页。

饮酒，数日而散"。这段文字叙述重点乃西夏人奇特的两性关系。在无任何阻力下，男女相约殉情，以达欢会之极致，已不合情理，实属荒诞不经，不足为信。此且不论，将其处理尸体的方式视为天葬，亦欠妥当。天葬以割裂尸体，让鸟兽迅速吞食逝者尸块为埋葬方式，灵魂不灭及其在异次空间的不同转化为其核心思想，体现了大乘佛教舍身布施的最高境界。将殉情者尸体内包之以缯彩，外裹之以毛毡，又以皮条密加缠束，置于峻岭木架之上，其目的在于长久保存尸体，与天葬目的背道而驰，何言天葬？之所以这样处理尸体，一是"蕃汉杂居"，受到党项等民族葬俗之影响。二是自然环境与物质条件所限。因其地"黄茆土山，高下相属，极目四顾，无十步平坦。廨舍庙宇，覆之以瓦，民居用土，止若棚焉，架险就平，重复不定。上引瓦为沟，虽大澍亦不浸润。其梁柱榱题，颇甚华丽，在下者方能细窥。城邑之外，穹庐窟室而已"①。

其实，西夏的埋葬方式主要是土葬与火葬，或先行火葬再将骨灰土葬，有论者认为塔葬也是西夏的丧葬方式之一。但塔葬是特殊的丧葬方式，多用于佛教之高僧大德厝骨，并不具社会普遍意义。西夏社会是否存在天葬，尚待进一步研究。②尽管西夏丧葬之殓衣、含、棺木、明器、出殡仪仗、葬期长短、坟茔、碑碣、石像生等没有系统记录，而考古发现的相关材料也很有限，但仍然可以看出西夏丧葬贯彻了等级制原则。

西夏陵墓形制体现了等级制原则。西夏帝陵为西夏陵墓形制之最高等级。西夏帝陵地面建筑有内、外两重长方形陵城，内城四面有门楼，四角有阙台，正门内有献殿，陵台位于内城的西北部，偏离中轴线，从残存橼木、残砖断瓦等推断，陵台为实心八角密檐塔形建筑；内城正门外有月城，月城神道两侧列石像生群，月城前两侧置碑亭。内城外为外城。帝陵寝宫从已发掘的6号陵（原8号陵，现编为6号陵）来看，其规模较小。墓道呈30度斜坡，用圆木封门；墓室为土洞式，分中室和东西侧室，中

---

① （宋）上官融撰：《友会谈丛》卷下，文渊阁四库全书本。
② 任怀晟、杨浣据俄藏黑水城文献《胜乐金刚图》唐卡认为西夏存在天葬。首先，唐卡的年代学问题没有定谳，该图属于西夏或元代，并不能确定；其次，图像中之生人形象，就其装束而论当为汉儒生，若此，则肢解尸体投喂鸟兽显然违背了儒家伦理，为当时社会所不容；最后，《律令》亦明文规定不能损害尸体。因此，该图是否描绘西夏天葬场景尚待深入研究。参见任怀晟、杨浣《西夏天葬初探——以俄藏黑水城唐卡X-2368为中心》，《西夏学》2015年第11辑，第125—132页。

室宽 6.8—7.8 米，东西侧室宽约 2 米，长约 3 米，墓室顶、墓壁均已圮毁。甬道两侧和墓室壁面已漫漶不清。①

陵区陪葬墓及闵宁村野利氏家族墓属于贵族官僚墓葬，其形制明显逊于帝陵。陪葬墓已发掘 4 座，见诸报道者仅 M177（该墓现编号为 M177）与 M182（该墓现编号为 M182）。M177 的地面建筑有外城、内城、月城、碑亭、影壁和塔形墓冢等，墓冢位于内城西北部。墓道为长斜坡，墓门封以圆木，拱形顶甬道，墓室穹窿顶，底面呈方形，边长 5 米。② M182 的地面建筑有神城、碑亭、影壁以及处于神城西北部的墓冢。地下墓道为台阶式，亦用圆木封门，墓室穹窿顶，底面略呈方形，边长 4 米。③

永宁县闵宁村共发掘 8 座野利氏家族墓，其形制规与西夏陵陪葬墓中的中、小型墓类似。大墓有神城、碑亭、影壁等，墓冢处在神城西北部。小墓则仅为一墓冢。地下均为台阶式墓道，单室土洞墓，以圆木或木板封堵墓门，甬道偏离墓室中央。大者如 M7，由墓道、过洞、天井、甬道及墓室构成。墓道水平长度 10.5 米，过洞为拱形顶，天井平面呈梯形，墓门用圆木竖立封堵，平顶甬道平面呈梯形，墓室平面呈圆角长方形，东西长 5—5.4 米，南北宽 3.3—3.6 米。东、西壁上各有一方形壁龛。小者如 M6，墓道为台阶式，共有 11 级台阶，水平长 5 米，有封门木；平顶甬道；土洞式墓室，平面呈长方形，平顶，东西长 3.9 米，南北宽 1 米。墓室的东壁和甬道、墓道东壁在同一直线上。④

砖室墓多为普通汉族士庶墓葬，坟墓形制低级。现发掘了 6 座砖室墓，多在甘肃武威一带。此类墓葬形制简单，现无封土，根据唐宋礼制，庶民坟头高不过 4 尺，岁月播迁，风蚀雨侵，荡然无存，实属正常。墓室四壁用平砖垒砌，顶呈圆锥形或拱形。墓门为拱形顶，以大卵石封门，墓室内有彩绘木版画。砖室墓中以武威市西郊林场发现的刘仲达和刘德仁墓为代表，两墓墓室长 1.3—1.6 米、宽 1.2—1.3 米。墓室四壁为平砖叠砌。顶呈圆锥形，顶距地表约 1.5 米。墓门为单层砖拱形券顶，以大卵石

---

① 宁夏回族自治区博物馆：《西夏八号陵发掘简报》，《文物》1978 年第 8 期。
② 宁夏回族自治区博物馆：《西夏陵区 101 号墓发掘简报》，《考古与文物》1983 年第 5 期。
③ 宁夏回族自治区博物馆：《西夏陵区 108 号墓发掘简报》，《文物》1978 年第 8 期。
④ 宁夏文物考古研究所：《闵宁村西夏墓地》，科学出版社 2004 年版。

封门，两墓后壁底部均设二层台，台上抹白灰。其中刘德仁墓出土彩绘木版画29幅，内容有蒿里老人、随侍、武士、童子、星宿、龙、家禽等，表达了安葬者对逝者在冥界生活的美好祝愿。①

随葬品也体现了西夏丧葬之等级制原则。西夏帝陵随葬品为嵌绿松石鎏金银饰、镂孔金饰、金扣边、金鞍饰、竹雕、珠饰、铜器、铁器、陶瓷器等；陪葬陵随葬品为鎏金铜牛、鎏金银带饰、银丝、银帽、铜器、铁器、铁狗、石马、石狗、瓷器、木俑等；士庶砖室墓随葬品多为木条桌、木衣架、木塔、木笔架、木宝瓶、木缘塔、瓷碗、木版画以及零星钱币等。帝陵与陪葬陵有大量出土骆驼、羊、牛、狗、鸡、鸭骨骼，说明贵族丧葬以动物殉葬，而普通砖室墓则没有发现动物骨骼。②西夏法律禁止以牲畜陪葬，针对者应是庶民。《律令》规定："诸人出葬时以畜做陪丧者当退回，不许屠杀。若违律屠杀时，承诸人屠杀自有牛、骆驼、马之罪，出告举赏法依法判断。"③

《律令》对死囚丧葬事宜的法律规定，贯彻了别贵贱的原则。"诸人已犯罪，经官已杀者，一年以内不许收葬，一年已过时，当由小巫为之。先告都审刑司，当派巫小监者。应翻检头字，当收葬，不允作咒。倘若一年以内收葬，未作咒，则徒一年。一年虽已达，但未告局分处收葬，未作咒，则徒六个月。作咒则主人及巫皆绞杀。其中巫者不知，则因未仔细问，有官罚马一，庶人十三杖。"④

关于西夏丧葬文化源流问题，论者良多，此不详述，以免画蛇添足。概略言之，西夏丧葬固然有游牧民族的文化特色，但更多地体现了唐宋丧葬文化、辽代丧葬文化与佛道文化的影响，是多元文化融合的结果。

---

① 宁笃学等：《西夏武威西郊林场西夏墓清理简报》，《考古与文物》1980年第3期；钟长发：《甘肃武威清理发掘西夏墓葬出土彩绘木版画等一批珍贵文物》，《中国文物报》1997年6月29日；刘斌：《武威发现西夏砖室火葬墓》，《中国文物报》1997年7月7日；《武威发现西夏砖室火葬墓》，《丝绸之路》2000年第1期。
② 孙昌盛：《略论西夏的墓葬形制与丧葬习俗》，《东南文化》2004年第5期。
③ 《律令》卷2《盗杀牛骆驼马门》，第153页。
④ 《律令》卷7《杀葬赌门》，第290页。

第四节 祭祀

　　儒家讲慎终追远，祭祀先人是孝道的主要组成部分。在等级社会中，祭祀具有等级性是顺理成章的事情。以唐宋时期为例，唐代天子太庙为七庙，宋代为九庙。一品官员允许祭四庙（家庙），三品许祭三庙，五品许祭两庙，嫡士可祭一庙，庶人没有家庙。宋代一品平章政事以上可祭四庙，东宫少保以上可祭三庙。① 家庙建制有等级。以唐宋时期为例，唐代三品以上九架，厦两旁，三庙者五间，中为三室，左右厦一间。庶人不许立庙，只允许祭于寝堂。② 祭祀品数量，以多为贵，祭品有严格限制。唐代五品以上每室樽、簠、簋、登、铏、俎各二，笾豆一品、二品各十，三品八，四品、五品、六，六品以下樽、簠、簋、登、铏、俎各一，笾豆各二。宋代正一品每室笾豆各十二，簠、簋各四，从一品笾豆各十，簠、簋各二，正二品笾豆各八，簠、簋各二。③ 自唐代以来，百官已无以太牢祭祖资格。唐五品以上祀以少牢，六品以下至庶人用特牲，五品以上簠实稷黍，簋实稻粱，笾实石盐干脯枣粟之属，豆实醢酱菹之属，六品以下，簠实稷，簋实黍，笾实脯枣，豆实菹醢。祭品等级极森严，庶人只以果蔬、羹饭，数器而已。④ 官员家祭可穿用官服，同样体现的是等级制所赋予的荣耀，只有元朝禁止穿用官服家祭，算是一个例外。⑤

　　西夏祭祀之等级制情形，虽无从稽考，就《律令》整体上贯彻等级制的角度推断，其祭祀必有等级次第。从《律令》规定丧葬筵席等级之规定，也许从侧面说明了西夏祭祀等级制的存在。《律令》规定："诸人

---

　　① 《通典》卷108《礼》十八，《开元礼纂类》三，"杂制"条，第2811页；《旧唐书》卷26《礼乐志》六，第981页；《宋史》卷109《礼志》十二，《吉礼》十二，第2632页。

　　② 《唐会要》卷19，"百官家庙"条，第387页；《宋史》卷109《礼志》十二，《吉礼》十二，第2632页。

　　③ 《通典》卷121《礼》八十一，《开元礼纂类》十六，《吉礼》十三，"三品以上时享其庙"条，第3088页；《宋史》卷109《礼志》十二，《吉礼》十二，第2633页。

　　④ 《通典》卷108《礼》六十八，《开元礼纂类》三，《序例》下，"杂制"条，第2811页；《通典》卷121《礼》八十一，《开元礼纂类》十六，《吉礼》十三，"三品以上时享其庙"条，第3088页。

　　⑤ 《元史》卷105《刑法志》四，"禁令"条，第2682页。

以汉筵熟食为丧葬筵等，准备食馔，心口菜十五种以内，唇喉二十四种以内，又树果品共二十四道以内行之，依不同次第，一种种分别计算，不许使过之。若违律诸人举报时，举赏钱五缗，当由设筵者出予举者。"① 至于不同身份者的家庙建制，祭品几许，用牲多寡，均无缘得知。沈括《梦溪笔谈》云："盖西戎之俗，所居正寝常留中一间以奉鬼神，不敢居之，谓之'神明'，主人乃坐其傍。"类似中原地区庶人祭于寝堂之情形。直至今日，我国某些地区堂屋中仍设"天地君亲师"牌位，也许是庶人祭于寝堂之遗风。②

第五节　贵族的法律特权

"刑不上大夫，礼不下庶人"，是关于贵贱问题在法礼层面的概括性论说。然而，在现实生活中并非决绝犹如天壤。庶人因身份、地位、经济能力的限制而不能备礼，仅仅是极粗疏而已，绝不等于礼与庶人毫无关联，以致因贫贱废礼。贵族违反礼法，为了维持贵族、官僚临民的集体权威，主要通过社会舆论给予道德制裁，法律理论上不主张对其公开施行残损肢体的肉刑，死罪也多赐死，令其自尽以保全尊严。然而，庙堂之上，残损剥割，鞭笞捶楚，以致喋血殒命者，在君主拥有生杀予夺的时代，实属屡见不鲜。随着贵族制的消亡，除皇帝之外，任何人不能置身法外，所谓"王子犯法与民同罪"。但是，这并不意味着中央集权制以来的中国，贵族、官僚与庶民绝对平等。别贵贱是传统中国法律的基本精神之一，贵族、官僚在法律上毋庸置疑地享有特权。现以唐、宋、西夏律为主，予以申说。

一　贵族与官僚的法律特权

一般司法机构不能拘审品官的历史，兴于汉代宗室、官吏的先请之制。北宋神宗熙宁七年诏令："品官犯罪，按察之官并奏劾听旨。毋得擅捕系、罢其职奉。"遑论刑讯③。唐宋应议、请、减者，明文规定不能拷

---

① 《律令》卷20《罪责不同门》，第608页。
② （宋）沈括：《梦溪笔谈》卷18，岳麓书社2002年版，第132页。
③ 《宋史》卷199《刑法志》一，第4980页。

讯。审讯之后，司法部门不能根据普通司法程序加以决断。唐宋时期凡"八议"犯死罪但非"十恶"者，有司录文奏请，朝廷集议，议定后奏裁，最终由皇帝裁定。朝廷集议者也无权定谳。① "八议"范围之外的官吏没有议、请的手续，但仍然不能由承接审讯的机构直接判决，唐宋律规定五品以上官员犯罪非"十恶"、反逆、缘坐、杀人、监守内奸盗、掠人、受财枉法者，必须录状奏请，最终裁定权依然归皇帝所有。② 这些都彰显了皇权才是支配一切的终极力量，皇帝个人意志凌驾于法律之上的历史事实。

以例减赎，无须"议请"同样揭示了贵族、官僚在司法上的特权。根据唐宋律，具有"八议"者，除了犯死罪须"议请"外，流罪以下，除"十恶"外，可听由所司依例减一等定罪。关于"八议"以外官阶较小者，减赎办法也有极详尽的规定。七品以上官员犯流罪，非"十恶"，反逆、缘坐、杀人、监守内奸盗、掠人、受财枉法者，减一等，八、九品官员流罪可听赎。③

判决之后，也提供了很多免除服刑的机会。通常以罚俸、收赎、降级、革职等官当的方式抵刑。唐宋律规定，品官犯罪可听赎外，徒罪、流罪可以官当，以官爵大小折抵罪刑，官爵越高，则所折抵之罪刑越多，意味着减免的机会就越大。分别官阶大小，抵罪若干，官越大，优待越厚。据律，犯私罪以官当徒刑的，五品以上官当徒刑二年，九品以上官当徒刑一年；犯公罪当徒刑的，五品以上官当徒刑三年，九品以上官当徒刑二年，当流刑者三流等同当徒刑四年。④

官当法不但尽可能地使官员不致真正被执行徒、流，而且尽可能地保

---

① 《唐律疏议》卷2《名例》二，"八议者"条，第113页；《宋刑统》卷2《名例律》，"八议"条，第16—19页。

② 《唐律疏议》卷2《名例》二，"官爵五品以上"条，第119页；《宋刑统》卷2《名例律》，"请减赎"条，第19—27页。

③ 《唐律疏议》卷2《名例》二，"八议者"条，第113页，"七品以上之官"条，第127页，"应议请减"条，第133页；《宋刑统》卷2《名例律》，"八议"条，第16—19页，"请减赎"条，第19—27页。

④ 《唐律疏议》卷2《名例》二，"应议请减"条，第133页；《宋刑统》卷2《名例律》，"请减赎"条，第20页；《唐律疏议》卷2《名例》二，"官当"条，第182页；《宋刑统》卷2《名例律》，"以官当徒除名免官免所居官"条，第29—46页。

留他的官位，进而延续其政治生命。倘若一个官员犯罪，他可以用他担任过的历任官职叠加抵刑，如果仍有余罪，还可以听赎。① 法律赋予官吏特殊的法律特权，这与平民形成迥然不同的法律地位。应该指出，明清以来官吏在法律上的特权得到一定程度的限制，徒、流以上必须实配，但官吏的法律特权仍然存在，这是由中国传统社会的社会性质所决定的。

唐、宋、明、清律极力维护以皇权为核心的贵族官吏阶层的诉讼特权。平民侵犯皇族，历代刑律采取了加重量刑的原则。被侵犯者同皇帝的血缘关系愈接近，则量刑就愈重。殴打皇家袒免亲者，即使无伤也要处以徒一年，有伤者则处徒刑二年，重伤者加常人相斗二等，若为缌麻、小功、大功、期亲，又各递加一等。殴打皇家亲属至笃疾者，明、清律处绞，唐、宋律无文；殴打致死者，唐、宋、明、清律皆处斩。而常人相殴，无伤则不成罪，即便是轻伤也并不处以徒刑。② 官民之间贵贱分明，如以贱凌贵，法律上同样采取加重处罚的原则。被侵犯者的官品愈高，则量刑愈重。根据唐、宋、明、清律，流外官以下以及庶人殴打三品以上官者，无伤徒二年，有伤加徒一年，折伤流两千里，若殴伤四、五品官则减三品以上罪二等，若殴伤六品以下、九品以上官则各加凡民斗伤二等。③ 传统社会的地方长官往往以人民的父母自居，其治下人民自然地就是其子民，官民的关系等同于父母子女之间的关系。子民侵犯了父母官，法律上采取了从重主义。唐宋殴打制使、本属府主、刺史、县令，明清殴打本属知府、知州、知县，无伤徒三年，有伤流两千里，折伤者绞。若谋杀本属长官则属于"十恶"中的不义，量刑更重。唐、宋、明、清律已行者流

---

① 《唐律疏议》卷2《名例》二，"以官当徒不尽"条，第242页；《宋刑统》卷2《名例律》，"以官当徒除名免官免所居官"，第36页；《唐律疏议》卷3《名例》三，"除免官当叙法"条，第226页。

② 《唐律疏议》卷21《斗讼》一，"殴皇家袒免以上亲"条，第1510条；《宋刑统》卷21《斗讼律》，"殴皇亲"条，第383—385页；《大明律》卷20《刑律》三，《斗殴》，"皇家袒免以上亲被殴"条，第161页；《大清律例》卷27《刑律》，《斗殴》上，"宗室觉罗以上亲被殴"条，第478页。

③ 《唐律疏议》卷21《斗讼》一，"殴制使府主"条，第1499页；《宋刑统》卷21《斗讼律》，"殴制使、刺史、县令"条，第380—383页；《大明律》卷20《刑律》三，《斗殴》，"殴制使及本管长官"条，第161—162页；《大清律例》卷27《刑律》，《斗殴》上，"殴制使及本管长官"条，第479页。

二千里，已伤者绞，已杀者斩。① 殴打本属官长的家属，在法律上也采取了从重量刑的原则。便是殴本属长官的家属，因尊重父母官的关系，其处分亦较常人为重。唐、宋律规定殴打本属府主、刺史、县令之祖父母、父母及妻子者，皆徒一年，伤重者加凡斗伤一等。②

官吏一旦出现在公堂之上，即有辱官体。传统法律为保存官体，委曲处置，在官吏诉讼方面给予优待，致使平民与官吏的诉讼权不对等。究其原因，就是将官职视为一种特殊的身份与个人权利，这种特殊的身份与个人权利在法律上享有种种特权。其本质在于中国传统法律不是建立在契约基础上，其法律基础是政治权力。贵族、官吏的政治权力可以恩荫的模式推恩于亲属，是家族主义与权力支配社会的双重体现，既维护了家族伦常，又体现了政治特权。

二 《律令》所见西夏贵族与官僚的法律特权

《律令》赋予贵族、官僚法律特权。贵族、官僚犯罪，根据其罪情轻重与品阶高低，可以请、减、免、赎、当。贵族、官僚犯罪拘捕享有法律上之特权。"节亲、宰相、诸司大人、承旨、大小臣僚、行监、溜首领等于家因私人牢狱，不许置木枷、铁索、行大杖，若违律时徒一年。其中行一种大杖者，有官罚马一，庶人十三杖。"③ 《律令》中常提及殿上坐节亲主、节亲主，主要指两类人，即皇室宗主、皇室成员与一般社会宗族族长。涉及贵族法律特权，则指前者。节亲主犯罪，拘捕不同于庶人，刑罚实行减免法则，劳役罪则听赎。"节亲主犯罪时，减免之法当明之。其中应受大杖者当转受细杖，应受七杖者笞三十，八杖笞四十，十杖笞五十，十三杖笞六十，应受十五杖者笞七十，十七杖笞八十，二十杖笞一百。劳

---

① 《唐律疏议》卷21《斗讼》一，"流外官殴议贵"条，第1514页；《宋刑统》卷21《斗讼律》，"殴皇亲"条，第383—385页；《明律例》卷20《刑律》三，《斗殴》，"殴制使及本管长官"条，第162页；《大清律例》卷27《刑律》，《斗殴》上，"殴制使及本管长官"条，第479页；《唐律疏议》卷1《名例》一，"十恶"条，第56页；《宋刑统》卷1《名例律》，"十恶"条，第6—7页；《大明律》卷1《名例》上，"十恶"条，第2—3页；《大清律例》卷4《名例律》上，"十恶"条，第92—93页。
② 《唐律疏议》卷17《贼盗》一，"谋杀制使府主"条，第1259页；《宋刑统》卷17《贼盗律》，"谋杀"条，第310页。
③ 《律令》卷9《行狱杖门》，第324页。

役者，属能赎应赎类，则可依边等法赎之。若属不应赎及无力赎等，则节亲主提点局分当于房舍周围设一周而拘管之。应派监者时当派，当阻其门口，□□□当开其门，监时当允其行百步以内，劳役日毕时当放之，不许比之超过。违律时节亲主笞四十，监者有官罚马一，庶人十三杖。"① 品官受杖刑，也以细杖代替大杖，减轻惩罚。"获罪人中行大杖，因是大人而受细杖者时，大杖一杖□□受五细杖。"②

《律令》规定凡属八议者除了"十恶"等罪行外，其他罪行的判决，要奏请皇帝裁决，并予以适当减免。《律令》卷2《八议门》规定："八议者，……犯死罪时，奏议实行。自长期徒刑以下依次当减一等。"③ 官员犯罪，"及授"官以上，同样要奏告皇帝裁决。《律令》卷2《罪情与官品当门》规定："有官位人犯罪时，有'及授'以上官者，应获何罪，一律当奏告实行。"④ 官员犯死罪，根据其品阶减除之后，科以短期、长期徒刑，能官当则必须奏告。《律令》卷2《不奏判断门》明文规定："诸司所判断中，原罪虽应获死，然而若按应减，有官等减除后，不及死，而应得长期、短期徒刑，有能与官职当者，一律当告奏。若违律不奏而判断时，徒一年。"⑤ 地方官员犯罪，罢黜官职，革去军衔，都要报奏中央。"不系属于经略之啰庞岭监军诸司者，自杖罪至六年劳役于其处判断，获死罪、长期徒刑、黜官、革职、军等行文书，应奏报中书、枢密，回文来时方可判断。官□□□□者当送京师。"⑥ 贵族官僚请、议、减、免、赎的权利掌握在皇帝手中，彰显了皇权是政治权力的顶点。有官位人犯罪时，有《律令》卷2《罪情与官品当门》详细罗列了西夏品官犯罪实行官当的具体情况，可参考前文所制西夏官当一览表，此不赘述，在此只补充一点，《律令》规定官当之后，如获劳役罪，仍可以剩余官品当。"诸有官人犯罪与官品当，降品后有获劳役者，当与所遗官当，当按应降革者何实行。"⑦

---

① 《律令》卷20《罪责不同门》，第614页。
② 同上书，第609页。
③ 《律令》卷2《八议门》，第132页。
④ 《律令》卷2《罪情与官品当门》，第146页。
⑤ 《律令》卷2《不奏判断门》，第152页。
⑥ 《律令》卷9《事过问典迟门》，第317页。
⑦ 《律令》卷2《罪情与官品当门》，第146页。

以下重点说明西夏法律对于庶民与官员在殴杀、故意伤害、故杀罪的量刑中所采取的不平等原则，以及贵族、官僚在这些方面所拥有的法律特权，正是这些特权体现了西夏法律别贵贱的等级制精神，也说明了政治权力支配社会的本质。

庶民殴打品官，从重处罚。《律令》规定："诸司大人、承旨、习判等，为自己职管地方内所属家民殴打致伤等时，比不相属之有官、庶人等上下位殴打致伤之一种种罪状依次当加三等。其中所属局分都案、案头、司吏、差人、都监、其余所派遣之库局分，又有被告分析者等殴打自己所属大人、承旨、习判等时，于前述所属家民殴打职管大人之罪当加一等。其所属家民之职管及职管次第差别当明之。"而"有官人打伤庶人时，依二庶人殴打罪状法断之，可以官品当"①。品如官未持器械相殴杀，根据官阶高低量刑。"官低人杀有官高于己一品以上人，及同品官互杀等，当量其职官实行。"②

《律令》关于故意伤害罪，规定"庶人自共有意行者，未伤则造意徒十年，从犯徒八年。已伤则造意伤人者等绞杀，徒犯徒十年"。而对庶人故伤品官，则根据受伤害者的品阶高低从重量刑。以下是《律令》的详细规定③：

> 对有"未及御印"官，未伤则造意徒十二年，从犯十年；已伤者，造意、伤人者等以剑斩，从犯无期徒刑。
>
> 对自"及御印"至"拒邪"，未伤则造意绞杀，从犯无期徒刑。已伤则造意、伤人者等以剑斩，从犯绞杀。
>
> 对"及授"以上者，未伤则造意以剑斩，从犯绞杀；已伤，造意、伤人者等自己妻子及同居子女等当连坐，入牧农主中；从犯一齐以一剑斩。

反之，《律令》对品官故伤庶人，则从轻量刑④。

---

① 《律令》卷14《殴误打争门》，第485页。
② 同上书，第480页。
③ 《律令》卷1《为不道门》，第120页。
④ 同上书，第120—121页。

"未及御印"者，未伤则造意徒八年，从犯徒六年；伤时造意、伤人者等徒十二年，从犯徒十年。

自"及御印"至"拒邪"者，未伤者，造意徒六年，从犯徒五年；已伤时，造意、伤人者等徒十年，从犯徒八年。

"及授"者，未伤时，徒五年，从犯徒四年；伤时造意、伤人者等徒八年，从犯徒六年。①

至于品官之间故意伤害罪，品阶低者故伤品阶高者，量刑从重；反之，品阶高者故伤品阶低者，则从轻量刑。《律令》规定：

官低人伤比自官大时：

有"未及御印"官者，对自"及御印"至"拒邪"官未伤则造意徒十二年，从犯徒十年；已伤时，造意、伤人者等绞杀，从犯徒十二年。对至"及授"官者，未伤则造意绞杀，从犯徒十二年；已伤时，造意、伤人者等以剑斩，从犯绞杀。

自"及御印"至"拒邪"官，对"及授"官，未伤则造意绞杀，从犯徒十二年；伤时，造意、伤人者等以剑斩，从犯无期徒刑。②

大官伤比自己低官时：

有"及授"官对有自"及御印"至"拒邪"官者，未伤则造意徒八年，从犯徒六年；伤时，造意、伤人者等徒十年，从犯徒八年。对有"未及御印"官，未伤则造意徒六年，从犯徒五年；已伤时，造意、伤人者等徒八年，从犯徒六年。有"及御印"官对"未及御印"官，未伤，则造意徒八年，从犯徒六年；已伤时，造意、伤人者等徒十年，从犯徒八年。

故意杀人罪，《律令》贯彻了代偿原则。关于庶人之间的故意杀害罪，杀人者处以斩刑，从犯判处长期或无期徒刑，并且妻子子女连坐。具

---

① 《律令》卷1《为不道门》，第120—121页。
② 同上书，第121页。

体规定为:"庶人自互相杀时,杀一、二人,一律造意、杀人者等以剑斩,有怨出力相助等无期徒刑,而从犯徒十二年,杀三人时,造意、杀人者等以剑斩,自己妻子及同居子女等当连坐,入牧农主中。有怨出力相助等以剑斩,从犯无期徒刑。"①

而庶人故杀品官,则采取从重处罚的原则,科以重刑。《律令》规定②:

> 杀有"未及御印"官中一人,造意、杀人者等以剑斩,有怨出力相助者绞杀,从犯无期徒刑。杀二人时,造意、杀人者等之自己妻子及同居子女等当连坐,有怨出力相助者一律以剑斩,从犯绞杀。杀三人时,不论主从皆以剑斩,自己妻子,同居子女等当连坐,应一齐入牧农主中。
>
> 杀自"及御印"至"拒邪"官者中之一人,造意、杀人者等妻子及同居子女等当连坐。与有怨出力相助者一齐以剑斩,从犯绞杀。杀二人时,不论主从,一律以剑斩,自己妻子、同居子女等当连坐,一齐入牧农主中。
>
> 杀有"及授"官之一人,无论主从,一律皆以剑斩,自己妻子、同居子女等当连坐,入牧农主中。

而品官故杀庶人时,则从轻发落,品阶愈高,量刑愈轻。《律令》详细规定:③

> "未及御印"者杀一、二人时,造意、杀人者等绞杀,有怨出力相助者无期徒刑,从犯徒十二年。杀三人时,造意、杀人者等以剑斩,有怨出力相助者绞杀,从犯无期徒刑。
>
> 有自"及御印"至"拒邪"官者,杀一、二人时,造意、杀人者等无期徒刑,有怨出力相助者徒十二年,从犯徒十年,杀三人时,主谋、杀人者绞杀,有怨出力相助者无期徒刑,从犯徒十二年。

---

① 《律令》卷1《为不道门》,第122页。
② 同上。
③ 同上书,第123页。

有"及授"官者杀一、二人时，造意、杀人者等徒十二年，有怨出力相助者徒十年，从犯徒八年。杀三人时，造意、杀人者等无期徒刑，有怨出力相助者徒十二年，从犯徒十年。

品官之间故杀罪，低级官员故杀高级官员，根据品阶高低从重量刑；反之，高级官员故杀低级官员则从轻发落。如①：

有"未及御印"官杀比自己官大之人时：

杀"及御印"至"拒邪"官中一人时，造意、杀人者等以剑斩，有怨出力相助者无期徒刑，从犯徒十二年。杀二人时，造意、杀人者等之妻子及同居子女等当连坐，有怨出力相助者一齐以剑斩，从犯绞杀。杀三人则不论主从，一律以剑斩，自己妻子、同居子女等当连坐，一齐入牧农主中。

杀有"及授"官中一人时，造意、杀人者等之妻子及同居子女等当连坐，有怨出力相助者一齐以剑斩，从犯绞杀。杀二人以上，不论主从一律以剑斩，自己妻子、同居子女等当连坐，入牧农主中。

自"及御印"以上大官杀有"未及御印"官时：

有"及御印"至"拒邪"官杀一人时，造意、杀人者等绞杀，有怨出力相助者徒十二年，从犯徒十年。杀二人时，造意、杀人者等以剑斩，有怨出力相助者无期徒刑，从犯徒十二年。杀三人时，造意、杀人者等自己妻子、同居子女等当连坐，入牧农主中，有怨出力相助者一齐以剑斩，从犯绞杀。

有"及授"官杀一人时，造意、杀人者等无期徒刑，有怨出力相助者徒十年，从犯徒八年。杀二人时，造意、杀人者等绞杀，有怨出力相助者徒十二年，从犯徒七年。杀三人时，主谋、杀人者等以剑斩，有怨出力相助者绞杀，从犯无期徒刑。

《律令》对于故意伤害、杀害罪中之造意、同谋等人，同样区分了贵贱、等第，实行了不平等的量刑原则。"或有大官，或有低官，及庶人等

---

① 《律令》卷1《为不道门》，第125—126页。

各自不同时，按官高低、庶人各自罪情不同，依前分别所示实行。"①

三　贵族与官吏家属的法律特权

贵族与官吏家属的法律特权可视之为贵族与官吏法律特权的扩大与延续。权力支配社会则是其本质，官爵愈高，得到的特权愈多，享受法律特权大小与官爵高低成正比。唐、宋"八议"者，其期亲以上及其子孙犯死罪，可以上请，流罪以下可减一等。五品以上官吏的祖父母、父母、兄弟、姊妹、妻、子孙，犯流罪以下则减一等。七品以上官吏的祖父母、父母、妻、子孙，犯流罪以下则听赎。即使五品以上官吏之妾，流罪以下亦听赎。而通常意义上，妾妇等同奴仆，在家庭与社会上并没有地位。②

四　《律令》所见西夏贵族与官吏家属的法律特权

同唐、宋一样，"八议"者之期亲以上及其子孙犯死罪，可以上请。品官之亲属被人殴打时，按照品官之品阶高低，对殴打者从重量刑，反之，品官之亲属殴伤他人，则从轻量刑。《律令》卷14《误殴打争斗门》规定："有官减免人之祖父母、父母、叔伯、姨、子、兄弟、孙、从孙、姑、姐妹、女、媳、妻子、亲婶母等被诸人殴打时，为'及授'之子弟等殴伤杀者，依庶人殴伤杀有自'头主'至'柱趣'官人法判断，是有自'语抵'至'拒邪'子弟，则依殴伤杀有自'暗监'至'戏监'官人法判断。彼减免子弟本人殴伤杀他人，承罪法与前述所示有两种官人相同。"③

品官子弟犯杂罪时，可以父兄之官品当。《律令》卷2《罪情与官品当门》规定："诸有官人及其人之子、兄弟，另僧人、道士中赐穿黄、黑、绯、紫等人犯罪时，除十恶罪及杂罪中不论官者以外，犯各种杂罪时以官品当，并按应减数减罪，其法按以下所定实行，勿施一种黥法。"④

"语抵"以上品官之亲属犯杂罪时，可获得减免，其减免程度与品官

---

① 《律令》卷1《为不道门》，第126页。
② 《唐律疏议》卷2《名例》二，"官爵五品以上"条，第118—119页，"七品以上之官"条第127—128页，"应议请减"条，第133—136页，"五品以上妾"条，第156—157页；《宋刑统》卷2《名例律》，"请减赎"条，第20—22页。
③ 《律令》卷14《误殴打争斗门》，第480页。
④ 《律令》卷2《罪情与官品当门》，第139页。

之品阶高低成正比，品官官阶愈高，则犯罪亲属罪责减免愈大，反之亦然。《律令》规定："有官人自'十乘'官至'柱趣'官之子、兄弟犯罪时，依庶人法判断以外，有'语抵'官以上官之祖父母、父母、伯、叔、姨、子、兄弟、侄、孙、重孙、姑、姊妹、女、妻子、媳、亲侄母等犯杂罪时，比庶人罪，'及授'官当减二等，自'及御印'官以上当减一等。所剩劳役，子、兄弟等本人有待命官则与待命官品相当而减，此后获何罪，当依法承受。其中妇人与他人行淫一种，不允依丈夫、公公、侄父官减除。"[1] "及御印"官与"及御印"官之亲属犯罪，其减免必须上请，由皇帝裁决。"父、兄弟等依官品应减人中，自有'及御印'官，依八减法减一等，依前分别明示以外，犯罪者及节亲父、兄弟等皆'及御印'官，则当奏告实行。若有'及御印'官父、兄弟，亦与自官品等及有大官等者，当减一等，是'及授'官者当减二等。"[2]

第六节　良贱之间法律上的不平等

良民和贱民在法律上的地位迥然不同。四民——士、农、工、商，就是良民；而娼优皂隶、官私奴婢，以及特定时期、特定区域的某种特殊人口，比如乐户、疍民，就是贱民。传统法律别贵贱的同时，也严格区分良贱。从法律角度观察，历代采取了良民侵犯贱民从轻，而贱民侵犯良民则从重的司法原则。

一　杀伤罪

贱民殴杀良民，量刑极重。唐、宋律官户、部曲及部曲妻殴良人者加普通人一等治罪，奴婢因身份比官户、部曲更低，所以又加一等，等于加凡人二等。反之，良民殴杀贱民，则量刑较轻。良民殴伤他人奴婢，皆减凡人论罪。唐、宋律区分了部曲与奴婢，一减一等，一减二等。唐、宋、明、清律，常人斗殴杀人者绞，故杀者斩，唐、宋律杀部曲者绞，若为奴

---

[1]《律令》卷2《罪情与官品当门》，第145页。
[2] 同上。

婢则不处死刑，只处流三千里。①

西夏法律关于良贱的区分与中原地区不同，唐宋时期中原地区良贱区别主要为四民与娼优皂隶、官私奴婢以及乐户、疍民之间迥然不同的法律地位。毋庸置疑，西夏社会是一个等级社会，但其阶级结构究竟如何，其中有些问题尚待进一步研究。《律令》将社会人群划分为四个阶层。第一，各级贵族、官僚，关于其法律上特权已如前述。第二，各级官私农主、牧主、头监，尤其是私农主、私牧主、头监，《律令》相关律文显示其为西夏社会的牧主、地主阶级。关于庶民，《律令》的界定虽然极为模糊，但可以肯定其地位高于使军、奴仆，应为西夏社会的平民阶层。至于使军、奴仆则属贱民阶层。从良贱的角度讲，各级农牧主、头监、庶民属于良民，而使军、奴仆、典人等属于贱民，良贱在法律上的地位不平等。

使军、奴仆等杀良民，量刑极其严苛。"使军、奴仆杀头监等者，一律不论主从，以剑斩。……已动手未死，则无论已伤未伤，造意以剑斩，从犯无期徒刑。其从犯中行杀时，有手触……头监者，则手触者以剑斩。若已起杀心，而未及行杀者，造意绞杀，从犯徒十二年。"② 而品官、良民殴死使军、奴仆，则按常人相殴杀判刑。"奴婢自共相殴杀，及有官、庶人舆他人所属使军、奴仆殴打争斗相伤死等，与他人殴打争斗相杀伤一样判断。"③

二 奸非罪

奸非罪的量刑原则仍然是"轻良重贱"。历代法律严厉禁断良、贱之间的婚姻，同时，良贱之间婚姻之外的性关系也属禁忌，历代采取重典，严厉禁止。一旦良家妇女被贱民男子性侵，在重视阶级内婚制的社会，意味着良家妇女既丧失了贞操名节，又不能忍辱下嫁贱民，事态就显得极其严重，法律处分极严。而另外，贱民妇女被良民男子性侵，则无足轻重，法律处分则趋于轻微。唐、宋律部曲、杂户、官户奸良人者较常人相奸加

---

① 《唐律疏议》卷22《斗讼》二，"部曲奴婢良人相殴"条，第1526页；《宋刑统》卷22《斗讼律》，"良贱相殴"条，第389—390页；《唐律疏议》卷21《斗讼》一，"斗故杀人"条，第1478页，"兵刃斫射人"条，第1472页；《宋刑统》卷21《斗讼律》，"斗殴故殴故杀"条，第369—379页。

② 《律令》卷1《恶毒门》，第118页。

③ 《律令》卷14《误殴打争斗门》，第482页。

一等治罪，徒二年或二年半。强奸加一等，因奸折伤加斗伤罪一等。奴奸良人徒二年半，强奸者加至流罪，因奸折伤者绞。若良人奸他人部曲妻或杂户、官户妇女，则处杖刑一百，奸官私奴婢则又减一等，杖九十。强奸加一等，因奸折伤加斗伤罪一等。"①

《律令》对使军强奸良家妇女，处以斩刑，通奸则使军处以绞刑，当事妇女则处以无期或长期徒刑，严厉禁断良贱之间的性行为。"诸使军强奸自头监之妻子及同门内姑、姊妹、女、媳、侄女、孙媳，及不同门妇人中自一年丧服以上者，以剑斩，妇人不连坐。妇人自愿行淫，则使军当绞杀，妇人获无期、长期徒刑。"②《律令》对典押人奸淫主人妻女家眷者，量刑比常人奸淫罪重三等。"典押人奸淫押处主人之妻子、女、媳、姑、姊妹等时，当比第八卷上往他人妻处罪加三等。出力处人侵凌典押女时，比第九卷上当事人受人逼迫、未施枷索而在边司上为局分大小侵凌之罪情当减一等。"③

《律令》对良贱间的婚姻，态度较为宽松，并没有完全禁断，与唐宋时期严禁良贱通婚有所不同。当然，使军所属女眷嫁于良人，其主婚全属于主人，首先要取得主人的同意。"使军未问所属头监，不取契据，不许送女、姐妹、姑等与诸人为婚，连律为婚时徒四年，妇人所生之子女当一律还属者。前已予价，为婚之使军能自予则当自予，不能则当罚主人。"如主人同意，使军则可以将女眷嫁于良人。《律令》规定："……使军已问所属头监，乐意给予契据，则允许将子女、媳、姑、姐妹妇人等卖与他人，及与诸人为婚。"官僚如愿意，也可以将女眷嫁于使军。《律令》规定："官人自身乐意，当允许将姑、姐妹、女等与使军为妻。"④

三 主、奴之间

良贱之间有主奴关系，其法律地位的不平等更不可以道里计，主奴关系意味着奴婢对主人有强烈的人身依附关系。奴之于主，等同畜产，可随

---

① 《唐律疏议》卷26《杂律》上，"奸"条，第1836页，"奴奸良人"条，第1848页；《宋刑统》卷26《杂律》，"诸色犯奸"条，卷478页。

② 《律令》卷8《侵凌妻门》，第303页。

③ 《律令》卷11《出典工门》，第388页。

④ 《律令》卷12《无理诈言注销门》，第417页。

意处置。奴婢婚配，由主人决定，奴婢没有婚姻自主权。唐、宋律奴婢私嫁女与良人为妻妾者，以盗论罪。《疏议》加以解释云："奴婢既同资产，即合由主处分，辄将其女私嫁与人，须计婢赃准盗论罪。"① 所生子孙，成为家生奴，如同牛马生子，亦属主人资财。一旦为奴，则世代为奴，永登贱籍，除非主人愿意解籍。奴背主逃亡，法律上的处罚很重。根据唐、宋律，部曲、奴婢亡者一日杖六十，三日加一等。②

（一）杀伤罪

扑责奴仆，是主人的权利。捶楚致死，若非故意，则可免责。③ 法之所禁，止于非刑与擅杀。宋代特别禁止主人擅自对家奴黥刺。④ 而擅杀乃是对国家主权的挑战，不论奴仆是否有罪，除过失杀死奴仆外，事主都要负刑事责任。唐、宋、元、明、清律对主人擅杀有罪奴婢的处罚，皆杖一百。⑤ 唐、宋律杀死无罪奴婢，处徒刑一年，殴死部曲同罪，若本心故杀，加徒刑半年。⑥

奴仆当忠心事主，家主罪非"谋叛"，不得告官。否则，被视为违背伦理。唐、宋律，部曲奴婢告主，非谋反叛逆者，处绞，被告之家长同首法，免罪。辽法，家主非犯谋反、大逆及流死罪者，其奴婢不得首告。⑦ 而奴婢有罪，家主可自由送官究治，即使是诬告，也依家长诬告子孙例，免予刑责。奴婢詈殴家主，与子孙殴詈家长同罪，属于恶逆，处刑极严。

---

① 《唐律疏议》卷14《户婚》下，"杂户官户不得与良人为婚"条，第1067页；《宋刑统》卷14《户婚律》，"主与奴娶良人"条，第253—255页。

② 《唐律疏议》卷28《捕亡》，"官户奴婢亡"条，第1989页；《宋刑统》卷28《捕亡律》，"征人防人逃亡"条，第518—520页。

③ 《唐律疏议》卷22《斗讼》，"主殴部曲死"条，第1534页；《宋刑统》卷22《斗讼律》，"良贱相殴"条，第390—392页。

④ （元）马端临撰：《文献通考》卷166《刑考》五，中华书局1986年版，第1445a页。

⑤ 《唐律疏议》卷22《斗讼》二，"主杀奴婢"条，第1531页；《宋刑统》卷22《斗讼律》，"良贱相殴"条，第391页；《元典章》卷24《诸杀》，《杀奴婢倡佃》，"殴死有罪躯"条，第1459页；《大明律》卷20《刑律》三，《斗殴》，"奴婢殴家长"条，第164—165页；《大清律例》卷28《刑律》二，《斗殴》下，"奴婢殴家长"条，第484—485页。

⑥ 《唐律疏议》卷22《斗讼》二，"主杀奴婢"条，第1531页；《宋刑统》卷22《斗讼律》，"良贱相殴"条，第391页。

⑦ 《唐律疏议》卷24《斗讼》，"部曲奴婢告主"条，第1638页；《宋刑统》卷24《斗讼律》，"奴婢告主罪"条，第421页；（元）脱脱等撰：《辽史》卷61《刑法志》上，中华书局1974年版，第939页。

唐、宋律，部曲奴婢骂主，及过失伤主，皆处流刑。唐、宋律，部曲、奴婢杀死主人虽由过失亦处绞刑。① 奴仆对家主亲属的侵犯，比侵犯其他良民的处罚要重，而家主亲属对自家奴仆的侵犯，比侵犯其他奴仆的处罚要轻。加重减轻，依亲属与家主的亲疏关系而定，关系越亲，奴仆的刑责越重，而亲属的刑责越轻，反之亦然。唐、宋律，部曲、奴婢殴家主之缌麻亲徒一年，伤者加犯良人罪一等，小功、大功递加一等，至死者斩。如果是家主的期亲及外祖父母，处分仅次于家主，詈者徒二年，殴者绞，殴伤者斩，过失杀者减二等，过失伤者又减一等。② 唐、宋律，家主的缌麻、小功亲殴伤部曲、奴婢，非折伤勿论，折伤以上各减杀伤凡人部曲、奴婢——尝若为主之期亲及祖父母，则待遇全同于本主。③

如果家主为官吏，法律处分与一般主、奴相侵不同。官吏侵害奴仆，量刑比平民更轻，更何况官员本来就不受身体刑和自由刑，大不了降级或革职而已。而奴仆一旦有骂詈的行为就可以处死刑，杀死主人不论故意与否，一律凌迟处死。

综上所述，历代法律贯彻了家族主义与等级主义的原则，旨在维系的是一个长幼有序、身份有别的等级社会秩序。

使军、奴仆与主人之间有人身依附关系，典人与典押主之间有暂时的人身依附关系。使军、奴仆等同畜产，主人可以典当、出卖。"诸人将使军、奴仆、田地、房舍等典当、出卖于他处时，当为契约。未取典偿价而典卖者改口时，有官罚马一，庶人十三杖。"④ 使军、奴仆犯谋逆罪，属于使军、奴仆的畜、物、地、人等归头监所有。⑤ 使军未经主人同意，不可以将子女、媳、姑、姐妹妇人等自行卖与他人。"若违律卖时，当比偷盗钱财罪减一等。买者知则科以从犯法，不知罪勿治。若卖者未提卖语，

---

① 《唐律疏议》卷22《斗讼》二，"部曲奴婢过失杀伤主"条，第1536页；《宋刑统》卷22《斗讼律》，"奴婢殴詈主并过失杀"条，第392页。
② 《唐律疏议》卷22《斗诉》二，"部曲奴婢过失杀主"条，第1536页；《宋刑统》卷22《斗讼律》，"奴婢殴詈主并过失杀"条，第392页。
③ 《唐律疏议》卷22《斗诉》二，"主杀有罪奴婢"条，第1531—1531页，"殴缌麻小功部曲奴婢"条，第1541页；《宋刑统》卷22《斗讼律》，"良贱相殴"条，第391页，"奴婢殴詈主并过失杀"条，第393页。
④ 《律令》卷11《出典工门》，第389页。
⑤ 《律令》卷1《谋逆门》，第113页。

买者造意曰买之，增价而买之，则判断与卖者同，其中已卖妇人所生之子女当一律还属者。前所予钱债，卖者能自予则当自予，不能则当罚买者。为买卖中介者，知则徒六个月，不知罪勿治。"① 使军、奴仆不听主人使唤，则徒一年。② 未经主人同意，使军不许为僧道。③ 使军逃跑，法律予以严惩。《律令》明文规定："诸叛逃中使军、妇人共逃等者，造意之罪：叛逃已行，则以剑斩之；未行，则绞杀之。从犯已行、未行，一律无期徒刑，依法当受黥杖，当长期戴铁枷，应给捕告者。若以问解明者，当送守边城中无期徒刑，做苦役，当依法给正军。其中妇人者，当给守城无家室者为妻子。除无期徒刑外，苦役日长者，日满依旧当还给原属者。"④ 使军、奴仆的主婚权属于主人，前文已述及，此处从略。

主人扑责使军、奴仆，等同父母扑责子女，法律处罚极轻微。"诸人女、子、妻子、媳、使军、奴仆等与父母、丈夫、头监等言语不和而被打时，失误动手而伤眼、断耳鼻、伤手脚、断筋等，有官罚马一，庶人十三杖，若死则徒六个月。"造成眼、耳、鼻、脚、手指等伤断者，徒五年。脚、手伤断一节、断筋等，徒六年。双眼、双足、双手伤断、断筋等，徒八年。致彼死则徒十年。⑤ 而使军、奴仆杀害主人，刑法极严苛。《律令》规定："使军、奴仆杀头监等者，一律不论主从，以剑斩。……已动手未死，则无论已伤未伤，造意以剑斩，从犯无期徒刑。其从犯中行杀时，有手触……头监者，则手触者以剑斩。若已起杀心，而未及行杀者，造意绞杀，从犯徒十二年。"⑥

除"十恶"等侵犯皇权以及悖逆家庭伦理的罪行外，主人犯罪，使军、奴仆不能告举。如告举主人，则按照卑幼告举服九个月丧服尊长判罪。《律令》规定："至九个月以上丧服节上下不许相告举。若节下举节上时，犯罪者应得徒二年以内罪，则不论大小，举者之罪徒二年。"⑦ 并规定有司不能接状。甚至典人不许殴打、对抗、辱骂押处主人。"若遵律

---

① 《律令》卷12《无理注销诈言门》，第417页。
② 《律令》卷20《罪责不同门》，第606页。
③ 《律令》卷11《为僧道修寺庙门》，第403页。
④ 《律令》卷1《背叛门》，第116页。
⑤ 《律令》卷2《相伤门》，第297页。
⑥ 《律令》卷1《背叛门》，第118页。
⑦ 《律令》卷13《许举不许举门》，第447页。

时，押处主人是庶人，则当面辱骂相争十三杖，殴打则徒一年，伤者当比他人殴打争斗相伤罪加三等，死亡则当绞杀。对有官人辱骂相争时徒一年，殴打则徒二年，伤时当比诸人殴打争斗相伤罪加五等，死则以剑斩。"①

(二) 主、奴之间的奸非罪

传统社会及其法律默许男性主人与婢女之间的性关系，默认男性主人对奴仆妻女的性特权。唐、宋律规定婢生子及经放为良者听为妾。② 这正可反证主人与婢女、仆妇之间的性关系实属司空见惯。唐、宋律只有禁止奸他人部曲妻及客女，可见奸淫自己家的部曲妻女与客女并非作奸犯科。③ 法律依然体现了对主仆名分、身份等级的重视与维护。法律默许男性家长对奴婢、仆妇的性特权，也是男权社会的产物，而妇女不享有这个特权。唐、宋律规定主家妇女与部曲以及家奴通奸，只减奸主之奴罪一等，奴处绞而主家妇女亦处以满流，其罪较寻常奴奸良人只处徒刑的罪名还要重。④

另外，奴奸主则罪大恶极，历代法律均处以重典，以示深恶痛绝。唐、宋律规定部曲及奴奸主者绞，强奸者斩。⑤ 即使奸污主人期亲，攸关名分礼教，量刑比奸污良人更重，量刑轻重与被奸者同主人关系的亲疏成正比。唐、宋律规定部曲及奴奸家主之期亲及期亲之妻者，与奸主同罪，奸家主之缌麻以上亲及缌麻以上亲之妻者流，强奸者绞。如所奸污者为家长的妾及家长亲属的妾，各减罪一等。⑥ 法律重视良贱之间的等级差别，由此可见一斑。

《律令》对使军、奴仆奸主，处以重典，使军斩刑。通奸，则使军、

---

① 《律令》卷11《出典工门》，第389页。
② 《唐律疏议》卷13《户婚》，"以妻为妾"条，第1016页；《宋刑统》卷13《户婚律》，"嫁娶妄冒"条，第241页。
③ 《唐律疏议》卷26《杂律》上，"奸"条，第1836页；《宋刑统》卷26《杂律》，"诸色犯奸"条，第478页。
④ 《唐律疏议》卷26《杂律》上，"奴奸良人"条，第1848页；《宋刑统》卷26《杂律》，"诸色犯奸"条，第480页。
⑤ 同上。
⑥ 《唐律疏议》卷26《杂律》上，"奸缌麻亲及妻"条，第1841页；《宋刑统》卷26《杂律》，"诸色犯奸"条，第480页。

奴仆处以绞刑，当事妇女则无期或长期徒刑。①《律令》对典押人奸淫主人妻女家眷者，量刑比常人奸淫罪重三等。② 其重点在于严防良贱之间的性关系，以此维护良贱之间的等级关系。

第七节 《律令》所见种族间之不平等

  我国历史时期少数民族建立的政权，如辽、金、元、清，统治民族以征服者的姿态统治、支配其他的民族。对被统治民族的社会、政治、经济诸方面的歧视，体现在统治民族所制定、颁布的法律之中。金分民众为种人（女真人）、汉人（灭辽时所得人户）、南人（占领山东、河南后所取人户）三个等级。元代社会蒙古人、色目人、汉人、南人的等级性井然有序，社会、政治、法律地位依其等级，高下立判。清代满洲人政治地位优渥，完全在汉人之上。元代中书省等枢机构的首领原则上必须由蒙古人担任，汉人不得与闻机要，甚至地方政要也由蒙古人任正职，而汉人、南人为副贰。当然，在实际政治生活中也断非绝对。辽制定两套法律对契丹人与汉人、渤海人区别对待。辽神册六年（921）耶律阿保机"诏大臣治契丹及诸夷之法，汉人则断以《律令》，仍置钟院以达民冤"。"至太宗时，治渤海人一依汉法，余无改焉。"③ "契丹汉人相殴致死，其法轻重不均。"④ 汉人殴死契丹人处斩，契丹人殴死汉人则偿以牛马。贵贱异法，昭然若揭。辽圣宗太平六年（1026）诏曰："朕以国家有契丹、汉人，故以南、北二院分治之，盖欲去贪枉，除烦扰也；若贵贱异法，则怨必生。夫小民犯罪，必不能动有司以达于朝，惟内族、外戚多恃恩行贿，以图苟免，如是则法废矣。"⑤ 元代蒙古人和汉人贵贱异法的情形众所熟知，征服者与被征服者处于不同的法律地位。以蒙古人与汉人相殴为例，"诸蒙古人与汉人争，殴汉人，汉人勿还报，许讼于有司"⑥。其实质在于在法律上规定汉人没有还手自卫的权利。蒙古人殴死汉人，则轻微处罚，曲法

---

① 《律令》卷8《侵凌妻门》，第303页。
② 《律令》卷11《出典工门》，第388页。
③ 《辽史》卷61《刑法志》上，第937页。
④ 同上书，第939页。
⑤ 同上书，第940页。
⑥ 《元史》卷105《刑法志》四，"斗殴"条，第2673页。

回护，种族歧视极明显。"诸蒙古人因争及乘醉殴死汉人者，断罚出征，并全征烧埋银"，如此而已。①

《律令》首先规定"番人"是西夏社会阶层中的第一等人。《律令》卷10《司序行文门》："任职人番、汉、两番、回鹘等共职时，位高低名事不同者，当依各自所定高低而坐。此外，名事同，位相当者，不论官高低，当以番人为大。若违律时，有官罚马一，庶人十三杖。朝宫上则当列官，司内测解案中及朝中合门、检校等当过问，彼人不过问时，一律有官罚钱五缗，庶人十杖。已过问，番人及官高等本人未问，则有官罚钱五缗，庶人十杖。"② 其次，西夏社会种族等级为番、汉、降汉、西番、回鹘。《律令》卷10《司序行文门》的相关律文反映了这一点。"节亲主、番人等职相当、名事同者，于司坐次、列朝班等中，当以节亲主为大。二番人共职者列坐次及为手记时，当由官高大人为之。官相等而有文武官者，当以文官为大。有文武官同，则当视人况、年龄。若违律时罚马一。又番、汉、降汉、西番、回鹘共职者，官高低依番汉共职法实行。"③

至于司法上之民族歧视，笔者谫陋，未见记载。但西夏与辽、金相始终，加之《律令》所示政治上之民族歧视的存在，大胆推测，西夏应存在司法上之民族歧视情形。

---

① 《元史》卷105《刑法志》四，"杀伤"条，第2675页。
② 《律令》卷10《司序行文门》，第379页。
③ 同上。

第七章 《天盛律令》与儒家思想

第一节 尊君

《律令》深受儒家思想的影响。儒家思想以伦常为中心，制定有差别的行为规范，用以建构一个贵贱、尊卑、长幼、亲疏有别的等差社会秩序。故此，儒家伦常理论构成了《律令》的思想基础，其集中的体现就是"礼"。社会人群间的贵贱差异基于社会人群的才情差异，是以社会功能为条件的社会选择的结果；亲属间的尊卑差异则主要是因血缘等地的差异而形成。儒家认为这两种差异在维持社会秩序层面不可或缺，而礼是维持贵贱、尊卑差异的首选工具。其目的在于实现君君、臣臣、父父、子子、兄兄、弟弟、夫夫、妇妇的等差秩序的理想社会。以礼入律是汉唐法典的一贯精神，《律令》也莫能外。儒家的"礼"作为日常生活的规则通过教化施加于人，然而"礼"作为儒家的治平之具，虽具有世俗生活的权威性，却不具有政治上的强制力。君主一旦取代圣人，以礼入律，则使"礼"的法则通过国家政权而具有强制力，"法"作为对违"礼"行为制定的惩罚规则而出现。其本质在于将同一性的法律变成有差别性的法律。所以，"礼"分别、维持社会差异的工具特色实际上完整地体现为"律"的特色。因此，以《春秋》决狱并非全是儒生的虚妄，实则是礼与法在目的上之一致性所决定了的。所谓"德礼为政教之本，刑罚为政教之用，犹昏晓阳秋相须而成者也"。礼、法杂糅，而礼为法的支配思想。[①]《律令》缺少《名例》篇，故对于《律令》中所贯穿的立法精神及理论依据不能一目了然。但通观《律令》，"峻礼教之防，准五服以治罪"[②] 的儒家伦理思想是其一以贯之的立法本旨。

---

① 《唐律疏议》卷1《名例》一，第3页。
② （唐）房玄龄等撰：《晋书》卷30《刑法志》，中华书局1974年版，第927页。

第七章 《天盛律令》与儒家思想

元昊建国立制后，其国家机器运转的枢轴就是皇帝。《律令》极力维护以皇权为核心的封建政权，其指导思想是"君为臣纲"的礼制思想。以"礼"作为皇帝掌控国家最高权力的理论依据，给皇权披上合法外衣。《律令》以尊君为出发点和归宿，首先在于制止和镇压侵犯皇权的谋反、谋大逆、谋叛行为，进而将凡是触犯皇帝的行为，一律视为"大不敬"，列于"十恶"，科以重刑。《律令》卷1《谋逆门》规定：

> 欲谋逆官家，触毁王座者，有同谋以及无同谋，肇始分明，行为已显明者，不论主从一律以剑斩，家门子、兄弟节亲连坐，没畜物法按以下所定实行：……谋逆已发未发之儿子、妻子、子媳、孙及孙媳等，同居不同居一样，而父母、祖父母、兄弟、未嫁女姐妹，此等同居者应连坐，当易地居，使入牧农主中。畜、谷、宝物、地、人等，所有当并皆没收入官。其中祖父母、父母、兄弟、姐妹、女等非同居，则畜、谷、宝物、地、人等勿没收。谋逆者之伯叔、姨、侄等同居不同居一样，当随其连坐，易地而居，无疑者当遣往边地，有城则当终生守城，无城当入边军中，疑者当于内地记名。畜、谷、宝物、地、人者，与谋逆者同居则连坐没收入官，分居则勿没收……应连坐中，男子满八十，女子满六十，及未及老年中有重病，女有弃病等勿若坐……①

《律令》科条不简，律文也不够简洁。上引律文不免纷繁杂乱，加之将西夏文译成汉文难度很大，译文难免有诘屈聱牙之感，但维护皇权的立法精神却昭然若揭。《律令》含有"罚不及嗣"的立法精神，一般犯罪只惩罚罪犯本人，不及亲属。但事涉"谋反"就连坐及伯、叔、父、兄弟等亲属，这显然已越出了惩罚及嗣的精神，甚至规定："谋逆人中，或以语言摇动众心未得，以威力摄人导引未能等者，造意、同谋皆以剑斩，父母、妻子、子女等当连坐，应易地而居，送边地守城，终生在军中，畜、谷、宝物勿没。"更有甚者，若听到别人有谋逆之举而不告发，或告发稽缓者，不管谋逆行为是否发生"依理使与同谋相等判断"。关于谋大逆，《律令》科刑等同谋反，对造意而未行动者绞死，"从犯当迁往异地在守

---

① 《律令》卷1《谋逆门》，第111—112页。

边城军中无期徒刑,做十二年苦役"①。

"谋反"即使仅为谋划则已犯科条,即构成谋反罪。《律令》对一般犯罪有未遂减轻的律条,但对谋反罪则不能适用。对共犯,《律令》一般严惩主犯,从者减等,即对主、从犯量刑有别,但对谋反等不利皇权的罪行,则不问首从,科刑划一。《律令》对大功以上亲,奴婢、使军对其主人,子女对其父母长辈均限制告官,告官即是犯罪,但对"谋反"等罪,人人有告发之责。否则,予以严惩。《律令》主旨在于尊君,用酷刑镇压"叛逆",借以维护封建政权之统治,捍卫皇权之权威。

第二节 孝亲

家庭伦常的基础是人们之间的血缘关系,西夏社会的基层单位小家庭以及以家长为首的大小宗族。儒家认为天下之本在国,国之本在家,欲治国则须先齐家,正家而后天下定。政治理论的基础乃是家庭伦理的泛化,所谓"君子之事亲孝,故忠可移于君"②。大孝即是忠君,二者互动。《律令》立法企图将亲族血缘的伦常关系扩展到政治层面,通过建立牢固的家庭秩序进而稳固社会秩序和国家政权。这就要求首先在法律上树立家长在宗族内部的绝对权威,形成长幼有序、尊卑有别的森严等差结构。《律令》"十恶"中所谓的恶毒(恶逆)、不孝顺(不孝)、不睦、失义(不义)、内乱等,都属违反了家族伦理的犯罪行为,法律处以极刑,以国家暴力维护家长权威与家庭伦理。《律令》竭尽全力维持家长的权威和名分,也体现在诉讼层面。在诉讼行为上,亲属之间的相互侵犯,按照宗法、服制的亲疏、尊卑,决定其刑罚的轻重,同时以亲疏、尊卑来区别对待请减、赎等法律上的特殊待遇。《律令》以法律手段推行了儒家的丧服制度,使丧服制、五服制刑法化了。这是以父系宗族为基础,用缞服的轻重、服丧期的长短规制了亲属之间的亲等与相应礼节,并以此作为亲属间犯罪量刑的依据与标准。服制的法律规定,使一切人的行为被强制框定于儒家伦理之中。违犯礼教之行为即是违犯法律之罪行。视听言行不逾礼,

---

① 《律令》卷1《失孝德礼门》,第114页。
② (清)阮元校刻:《孝经·广扬名章》,《十三经注疏》,中华书局1980年版,第2258页。

自然忠顺驯服而不违法。所谓"其为人也孝悌，而好犯上作乱者鲜矣"。儒教的礼所希望的就是在家庭内部严格划分尊卑等级，在社会结构中严格区分上下阶层，使二者等差分明，互不侵犯。渗透礼的精神的律，也必然要在家庭、社会中严格区分这两个等级，强调上对下的权力和下对上的义务。比如对父母子女相伤相杀的刑事案件的科刑中，《律令》极力维护尊长的权力："诸人女、子、妻子、媳、使军、奴仆等与父母、丈夫、头监等言语不和而被打时，失误动手而伤眼、断耳鼻、伤手脚、断筋等，有官罚马一，庶人十三杖，若死则徒六个月。其中以刀剑伤眼，伤耳、鼻、脚、手，断筋及致彼死等之罪，依下条所定判断……妻子、女、子、媳等眼、耳、鼻、脚、手指等中伤断一、二时，徒四年。脚端、手端等中伤断一节及断筋等时，徒五年，二眼、二足、二手双双伤断，断筋等，徒八年。致死则徒十年。"① 再看《律令》对子女犯上的科刑情况。子女对自己高、曾及祖父母、父母、庶母撒土灰、唾、顶嘴、辱骂处以绞杀。尊长犯罪，除谋逆、失孝德礼、背叛等允许举告外，此外不许卑幼举告，若举告时绞杀，有司接状则徒十二年。父母视子女、丈夫视妻子若畜奴。在法律层面，子女、妻之身份与奴仆、使军相侔。主仆关系被移植于家庭伦常之中。

第三节 崇官

优容亲贵和品官是律令的主要内容，其内容散见于《律令》各卷中，前文已基本道及。其理论则主要源于儒家礼以"正名"的思想，别贵贱乃其思想本质。《律令》严格区分了尊卑、贵贱。依据人的社会身份、地位、职业等，将社会人群分成权利与义务不平等的阶层。《律令》在法律上确定各个等级不得任意逾越，并决定亲贵、品官的特殊地位。凡属八议者，犯死罪时，上报朝廷，奏议实行，最终裁判权归皇帝所有。自长期徒刑以下依次当减一等执行。"八议"具体操作过程，《律令》并无明文，故不能妄自猜度，但其实质则是皇帝对皇亲、品官犯罪的特殊处理，在皇恩浩荡中，给皇亲、品官以特权，目的在于维护以皇权为核心的等级制度。

---

① 《律令》卷8《相伤门》，第296页。

官员犯罪，品及"暗监"官以上者，除十恶及杂罪中不论官者以外，犯各种杂罪时与官品当，并按应减数减罪，官职越高，处罚越轻。而且官当除名之法只是暂时丢官，不是剥夺政治生命终生。《律令》规定"十乘"官至"胜监"官，官职军皆革除，徒八年，日满依旧往。"依旧往"者，官复原职之谓也。官人与庶人在法律上有贵贱之别，如果发生以贱凌贵、以下犯上的行为，则加重其刑。《律令》规定庶人伤有官人时……对及授以上者，未伤则造意以剑斩，自己妻子及同居子女等连坐，没入牧农主中；从犯一齐绞杀；已伤，造意，伤人者处斩。被害官品逾高，犯者科刑逾重，而官人侵犯庶人，则相反，最高的处罚只是造意徒十二年，从犯徒十年，仅此而已。可见贵贱之间在刑罚上的差异悬殊。《律令》以"法"的强制力弘扬"礼"，又以"礼"的精神来诠释法。

中国古代围绕立法与制法产生了两种对立抗争主义。一是"宽刑慎杀"，寓礼于刑的非法定主义。这是追述"先王议事以制"，"不为刑辟"的儒家保守主义立场。二是以"重法而治"标榜的，以成文法规为依据，达到"以刑止刑"的法家法定主义。值得注意的是，欧洲近世以来，为保障个人主义、自由主义而产生、发展起了要求以法律来规定罪与罚的关系，最终建立了罪行法定主义制度。中国古代的法定主义同上述法定主义具有历史的、本质的区别。中国古代法定主义是为了国家权力统治人民的需要而提出的，即便是对国家权力的限制，也是因为无限的权力不利于长治久安。中国古代的法定主义，一方面主要是把法律作为威吓、镇压人民的工具，另一方面也具有明确官吏权限、防止官吏擅断的思想。法定主义认为，罪行法定可以收到抑制犯罪动机以预防犯罪的效果。但可悲的是，中国的民众自古到今就没有逃脱君主和刀笔吏的肆意擅断。中国古代法定主义的实质并非保护民众的权利，而是维护君主的统治。故其法文法理的优越性，无法掩盖君主法吏缘情设法、锻炼网罗的事实。《律令》继承了中国古代立法的预防主义和罪行法定主义的传统。譬如对"自首"的立法，其减轻刑罚的目的注重于防止犯罪者重犯，根据罪情决定了不同的处理方式。《律令》注意犯罪的动机和原因，区分过失、未遂、故意或是否持有凶器，如斗殴时未有凶器则减轻刑罚，反之则加重刑罚。[①]《律令》依年龄把人的责任能力划分为不同的时期，从轻处断的依据是责任年龄。

---

① 《律令》卷8《烧杀伤门》，第292页。

如除谋逆外，7岁以下90岁以上者"其他犯各种罪一律勿治"①，《律令》既体现了古代预防主义的立法倾向，又蕴含着儒家"老吾老，以及人之老；幼吾幼，以及人之幼"的儒家家庭伦理泛化思想。必须申明，《律令》法定主义的倾向是明确的，但《律令》的法定主义不是严格意义上的法定主义，比如《律令》规定，在适用法律时，允许某种程度的类推解释，这就为擅断主义大开了方便之门。

《金史》卷134《西夏传》云："五代之际，朝兴夕替，制度礼乐荡为灰烬，唐节度使有鼓吹，故夏国声乐清厉顿挫，犹有鼓吹之遗音焉。然能崇尚儒术，尊孔子以帝号，其文章辞命有可观者。立国二百余年，抗衡辽、金、宋三国，倾乡无常，视三国之势强弱以为异同焉。故近代学者记西北地理，往往皆臆度言之。圣神有作，天下会于一，驿道往来视为东西州矣。"② 西夏亡国后，元代西夏遗民具有很高的儒学素养，也说明儒学对西夏社会影响之巨。因此，儒家思想对《律令》产生影响毫不奇怪。

---

① 《律令》卷2《老幼病重减罪门》，第150页。
② （元）脱脱等撰：《金史》卷134《西夏传》，中华书局1975年版，第2869页。

第八章 《天盛律令》中的巫蛊

第一节 神判

神判法是各民族原始时代所通用的一种审判方法。是人尚不能完全凭借自己的能力来搜集犯罪证据或迫使嫌犯吐露实情时，不得不借助于神的一种方法。一旦人的能力可以胜任神判，神判就被摒弃了。中国以刑讯来获取口供，早已不依赖神判法。獬据说就是用来决狱的独角神兽，汉代以来法官以獬豸为冠，取其能别曲直之意，似乎上上古神判之痕迹。神判法在中国历史时期的司法程序中虽已绝迹，但神判法仍有其潜在功能。中国古人认为鬼神神通广大，能洞悉人间一切隐情，对其抱有极大的信心与期望，认为鬼神能弥补人间法网的疏漏，冥冥之中能协助官吏侦破悬案。官吏梦得神示，以决疑狱，在中国文化尤其是小传统中俯拾即是，显然是神判的另一种形式。明代府州县官祭厉文表明了司法对鬼神的借助与依赖。民行奸邪之事，神必报于城隍，定遭阴谴；民有良善之行，神必报于城隍，定得福佑。① 官府期望鬼神揭发罪状，至于制裁，则交由司法机构执行，主体仍是法律制裁，鬼神制裁主要是未揭露之前的阴谴，居于辅助地位。

文献未见西夏有神判记载，但西夏社会巫术流行，借助巫术判断吉凶，裁定是非，乃其社会生活之常态。其本质亦在于依赖超自然之神秘力量预卜吉凶，裁决善恶。沈括《梦溪笔谈》对此有生动记载。

> 西戎用羊卜，谓之"跋焦"，卜师谓之"厮乩"。必定反。以艾灼羊髀骨，视其兆，谓之"死跋焦"。其法：兆之上为神明；近脊处为坐位，坐位者，主位也；近傍处为客位。盖西戎之俗，所居正寝，

---

① 《大明会典》卷87《祭祀》八，《合祀神祇》三，《祭厉》，第4—5页。

常留中一间，以奉鬼神，不敢居之，谓之神明，主人乃坐其傍，以此占主客胜负。又有先咒粟以食羊，羊食其粟，则自摇其首，乃杀羊视其五藏，谓之"生跋焦"。其言极有验，委细之事，皆能言之。"生跋焦"，土人尤神之。①

第二节 巫蛊

西夏社会推崇儒学，尊崇佛教，但其宗教信仰颇具功利主义倾向。西夏乾祐时期所树立之《黑河建桥敕碑》，皇帝敕令镇夷郡境内黑水河上下"所有隐显、一切水土之主，山神、水神、龙神、树神、土地诸神"，听从皇帝诏旨，"普令一切往返有情咸免徒涉之患，皆沾安济之福"②。因诸神听令，水患顿息，福佑其邦，因此皇帝亲躬致祭。可知其信仰多元、多神崇拜之特色，也体现了其宗教信仰的实用主义、功利主义倾向。

除此之外，西夏巫术流行，在社会生活中也极具功能性，甚至军国大事也以巫术断其可否。《宋史》卷186《夏国传》曾云西夏人"笃信机鬼，尚诅祝，每出兵先卜"③。《辽史》卷115《西夏外记》更记载了其占卜的详细过程："凡出兵先卜，有四：一炙勃焦，以艾灼羊胛骨；二擗算，擗竹于地以求数，若揲蓍然；三咒羊，其夜牵羊，焚香祷之，又焚谷火于野，次晨屠羊，肠胃通则吉，羊心有血则败；四矢击弦，听其声，知胜负及敌至之期。"④出兵也受历日时忌的影响，战败之后之举动也是巫风所致。《宋史》云西夏人"出战率用只日，避晦日，赍粮不过一旬，……不耻奔遁，败三日，辄复至其处，捉人马射之，号曰'杀鬼招魂'，或缚草人埋于地，众射而还"⑤。西夏文《官阶封号表》里"巫位"

---

① （宋）沈括：《梦溪笔谈》卷18，岳麓书社2002年版，第132页。
② （清）叶昌炽撰，韩锐校注：《石语校注》卷1《西夏二则》，《黑河建桥敕碑》，今日中国出版社1995年版，第99—100页。
③ 《宋史》卷186《夏国传》下，第14029页。
④ 《辽史》卷115《西夏外记》，第1524页。
⑤ 《宋史》卷186《夏国传》下，第14029页。

包含六种封号，巫在西夏政治军事生活中的地位由此可见一斑。①

普通社会生活，也受巫术影响。黑水城发现的西夏卷轴装写本《推占法》，其中有"推人宅、出行求财、五谷下种子、买卖"等吉凶法，实为我国历史上之日历宜忌，显然是受到中原占卜文化的影响所致，并无特别之处。② 1972年在甘肃省武威县张义公社的小西沟岘发现的西夏文遗物中有写本占卜辞残篇两页，也属于日历宜忌。王静如译为："卯日遇仇人。辰日买卖吉，巳日……。午日求财顺，未日逼行恶。申日万事吉，酉日与贼值。戌日有倍利，亥日心来喜。德□□□吉日。"③ 译文舛误甚夥，史金波、黄振华已作了纠正。如，"卯日遇仇人"，应为"卯日遇亲人"；"未日逼行恶"，应为"未日出行恶"④。

古人认为巫术同时具有邪恶功能，可以侵害他人的生命财产，给人造成种种不幸。巫术从而违背了社会道德与法律规范，更有损社会秩序，其反社会的功能被认为是一切不幸的根源，为人神所共愤。中国传统社会相信巫蛊咒诅可以致人于疾病死亡。著名者如汉武帝时期的戾太子事件，隋文帝时太子杨勇巫蛊事件。一时推波助澜，致使波谲云诡，加剧了政治斗争中之骨肉相残；甚至因株连甚广，以致朝廷为空，对政治秩序造成颠覆性影响。所以社会极端仇视这种邪术，视之为左道，法律定为重罪，科以重刑，以儆效尤。隋帝诏蓄猫鬼蛊毒厌魅野道之家投于四裔⑤。唐、宋以来的法律以造畜蛊毒、厌魅为大罪，量刑苛重。⑥ 造畜蛊毒以及教人畜者

---

① 史金波：《西夏文〈官阶封号表〉》，《史金波文集》，上海辞书出版社2005年版，第405页。

② 史金波、李伟国编：《俄藏黑水城文献》第四册，上海古籍出版社1997年版，第197页。

③ 王静如：《甘肃武威发现的西夏文考释》，《考古》1974年第3期。

④ 史金波：《〈甘肃武威发现的西夏文考释〉质疑》，《考古》1974年第5期，同期黄振华"读者来信"指出"未日逼行恶"应为"未日，出行，凶"，更接近日历宜忌的行文格式。详见《考古》1974年第5期。

⑤ （宋）王钦若等编纂，周勋初等校订：《册府元龟》第7册，《刑法部》三，《定律令》第三，第611卷，凤凰出版社2006年版，第7062页。

⑥ 《唐律疏议》卷1《名例》一，"十恶"条之"不道"，第59页；《宋刑统》卷1《名例律》，"十恶"条"不道"，第9—10页；《元史》卷102《刑法志》一，《名例》，"十恶"条之"不道"，第1607页；《大明律》卷1《名例》上，"十恶"条之"不道"，第2页；《大清律例》卷4《名例律》上，"十恶"条之"不道"，第93页。

蛊毒都处以死刑。① 造畜者妻子及同居家口不论知情与否，都处流刑，唐、宋流三千里，元代徙置远边，明、清流两千里，财产没入官。里正里长知而不举者亦有罪，唐代与造畜者同罪，明、清杖一百。② 对于造厌魅及符书咒诅欲以杀人者唐、宋律依谋杀罪减二等，明、清律则以谋杀论处，致死者依本杀法。用厌魅、符书咒诅使人疾苦者，唐、宋依谋杀罪减四等论处，明、清减则二等。③

《律令》卷1中的《为不道门》，相当于中原王朝法典中"十恶"条中之"不道"，但律文内容存在相当差异。其律文云："妄杀一门下无罪三人，及杀一门二一人使根断，或杀不同家门四人，及故意谋杀中或投毒药，或杀时砍肢节及手足，或烧或以枪刀剑刺杀，如此杀法不同有多种，难以一一指出，如此苦难令人不忍入目而杀害等，一律不论主从皆以剑斩。自己妻子、子女当连坐，入牧农主中。"④《律令》所示"不道"具体罪行，以《宋刑统》为例，相当于杀一家三口及肢解人等安忍残贼者，但未提及造畜蛊毒、厌魅之"不道"罪行，只提及投毒致人死亡。揆诸情理，造畜蛊毒、厌魅之罪行似无弃之不用之理，因《律令》之"十恶"内容基本袭自唐宋律。是《律令》编撰者失误或有意所致，还是翻译者未能准确移译，个人水平所限，无从判断，愿大方之家有以教我。

《律令》卷13《许举不许举门》规定卑幼可举告尊长之罪行包括"谋逆、失孝德礼，叛逃，内宫淫乱，对帝随意口出恶言，杀及主谋杀亲祖父母、父母、庶母等，诋毁国家，撒放毒药，咒人死，盗中杀人，有意杀人，对亲母、岳母、庶母、姑、姐妹、女、媳等行不轨"⑤。其中"撒

---

① 《唐律疏议》卷18《贼盗》二，"造畜蛊毒"条，第1299—1300页；《宋刑统》卷18《贼盗律》，"造畜蛊毒"条，第320—321页；《元史》卷104《刑法志》三，"大恶"条，第2653页；《大明律》卷19《刑律》二，《人命》，"造畜蛊毒杀人"条，第153页；《大清律例》卷26《刑律》，《人命》，"造畜蛊毒杀人"条，第452—453页。

② 《唐律疏议》卷18《贼盗》二，"造畜蛊毒"条，第1300页；《宋刑统》卷18《贼盗律》，"造畜蛊毒"条，第321页；《大明律》卷19《刑律》二，《人命》，"造畜蛊毒杀人"条，第153页；《大清律例》卷26《刑律》，《人命》，"造畜蛊毒杀人"条，第453页。

③ 《唐律疏议》卷18《贼盗》二，"憎恶造厌魅"条，第1311—1312页；《宋刑统》卷18《贼盗律》，"造畜蛊毒"条，第321—325页；《大明律》卷19《刑律》二，《人命》，"造畜蛊毒杀人"条，第153页；《大清律例》卷26《刑律》，《人命》，"造畜蛊毒杀人"条，第453页。

④ 《律令》卷1《为不道门》，第119页。

⑤ 《律令》卷13《许举不许举门》，第445页。

放毒药，咒人死"，即是造畜蛊毒、厌魅。《律令》卷11《矫误门》明确指出巫蛊、厌魅罪行，其量刑规定为"诸妇人不许于男人处行蛊术及食中散（疑为'撒'字）杂物。倘若违律时，行者及令学者等一律不论官，当绞杀。为学者已行则与教者相等，未行则徒十二年，相议者徒六年。知觉不举报，受贿者当比从犯之各罪情减一等，未受者徒一年，有官当以官品当"[1]。处罚极重，比唐、宋、明、清诸律有过之而无不及。另外，《律令》对巫蛊严厉禁绝，大致同中原法典相同。

---

[1] 《律令》卷11《矫误门》，第387页。

结　　论

　　《天盛改旧新定律令》（以下简称《律令》）是一部以刑律为主的综合性王朝法典。根据对西夏文题名的语义再认识，以及中国传统王朝法典的题名方式及其在唐宋时代的变化，其题名应厘定为《重修天盛条法》。《律令》是在西夏社会封建化的进程中，借鉴、吸收中原王朝法典，并结合西夏社会的特点而逐步形成的。仁孝天盛二年（1150）在西夏旧律的基础上修订、颁行了律令，并赐名《鼎新》，该律令在天盛后期又经重新修订颁行，应不早于公元1183年，虽然具体时间尚难定谳，但今日所见黑水城文献中的《律令》当属后者无疑。

　　《律令》虽然部分借鉴了《唐律疏议》《宋刑统》律与注、疏结合的编纂体例，并有自己的特点，但其熔铸律、令、格、式等法律形式于一炉，从而形成一部综合性的国家法典编纂体例，则显然是受到《庆元条法事类》等五代以来"事类""统类"型法典编纂体例影响的结果。《律令》内容与中华法系的王朝法典既有密切联系，又有区别。《律令》的部分内容源自《唐律疏议》，多数内容则与《庆元条法事类》相似之处颇多。两相比较，《庆元条法事类》有关行政与经济管理方面的法规，其周密翔实的程度远非《律令》可比，而《律令》关于畜牧业生产、管理方面的律条则比《庆元条法事类》丰富，反映了畜牧业在西夏经济生活中的主导性地位。

　　西夏的刑种、罪名以及刑罚的适用原则都源于唐宋律，并根据西夏政治、社会生活的需要与特点作了相应的调整与修改。徒刑的刑期加长，刑等增多；流刑与劳役相结合，罪犯多发配边地参与苦役与守城，死刑废除了凌迟等酷刑。更重要的是，西夏的刑种、罪名以及刑罚的适用原则凸显了畜牧业在西夏社会生活中主导性产业的重要性以及西夏社会的等级结构。《律令》主要通过贯彻等级制与家族制来彰显刑罚中的权威主义适用原则。此外，还采用了犯罪时法主义原则，累犯、再犯加重处罚的原则，数罪并罚的原则，自首减免的原则，主犯从重的原则，以及以功抵过的原则，这些原则多与唐宋律雷同。

西夏的审判机构由中央审判机构与地方各级审判机构组成，行政机构与审判机构合二为一，与唐宋审判机构大同小异，一定程度上模仿了唐宋审判机构的设置。诉讼制度贯彻了卑幼不能举告尊长、奴仆不能举告主人的等级制原则，但一旦涉及威胁皇权以及侵害家庭伦理的犯罪，则卑幼奴婢必须举告，彰显了《律令》对社会秩序的控制力。拘传与囚禁制度里保护囚犯生命的法律规定，其出发点也是为了稳定与控制社会秩序。究其实而言，不论是制度层面还是精神层面，其审判制度与中原法典有千丝万缕的联系。西夏的审判管辖以级别管辖为主，很少涉及地区管辖。州（府、郡）县审判机构具有审判长期徒刑以下案件的审判权限，比唐、宋州（府、郡）县只能判决笞杖刑的审判权限要大得多。西夏有完整的逐级上报的审判程序，终审裁判权归皇帝所有，反映了西夏皇权对司法审判权的控制。卑幼不能无限制地举告尊长，奴婢不能无限制地告主，体现了举告者的有限主体资格，也体现了封建等级制在诉讼行为中的运用。

本课题从宗族秩序与社会秩序联系的角度，分析了《律令》中的亲属容隐制度、尊卑制度、荫庇制度、连坐制度等，探讨宗族主义对西夏行政层面的深刻影响。《律令》极力维护家庭伦常，尊崇家长、宗长权威，力图建立一个长幼有序、尊卑有等、男女有别的家庭秩序。西夏法典中用了家族伦理与父权原则，中原法典中的家长权，在西夏法典中表现为宗族首领的权力。家长、宗族首领是家庭或宗族财产的实际支配者，家庭财产属于家长。家长对家庭成员有人身占有权，家庭成员对家长有严重的人身依附关系。子女的主婚权属于家长。亲属之间犯罪，《律令》竭尽全力维护家长尊长的权威，根据五服制所体现的亲等关系，尊长侵犯卑幼，量刑从轻，卑幼侵犯尊长，量刑从重，充分体现了《律令》维护家族等差秩序的立法精神。西夏宗族由部落转化而来，在西夏社会中具有深远影响，宗族主义对西夏政治的影响远较与之同时期的中原政权为甚。

《律令》关于婚姻问题的法律规定，反映了妻子附属于丈夫，在夫权统治之下的事实，说明西夏社会妻在家庭中的地位并不高，与中原妇女地位相差无几，西夏完全是一个男权社会。一方面，我们要整体性地研读《律令》，以免断章取义；另一方面，不能将历史上诸如母后专权的特例作为普遍性的例证用来分析问题，以防以偏概全。

从《律令》所反映的社会阶层观察，西夏是一个等级社会。《律令》彻底贯彻了"别贵贱，别良贱"的立法思想与立法精神，和中原王朝法典的立法思想与立法精神并无二致。这部分主要从生活方式、婚姻、丧葬、祭祀、贵族与官员的法律特权、良贱等层面切入，比较西夏法典与中华法系相关内容的异同，主旨在于揭示西夏社会与唐宋社会社会结构与性质的差异，揭示两者均贯彻、实践了贵贱与良贱的基本立法精神。

　　《律令》受儒家思想，特别是儒家礼治思想的影响甚巨，一方面是西夏推行儒学的结果，另一方面则来自中原法典中所蕴含的儒家思想。儒学思想特别是礼制思想对中国法律的意识形态支配是一个悠久传统，儒家思想渗入中华法系的整体架构之中，西夏统治者借鉴唐宋法律制定其民族法典时，很自然地继承了这部分遗产。《律令》与中原法典以"峻礼教之防，准五服以治罪"的儒家伦理思想为立法本旨是相一致的。课题也探讨了《律令》对巫蛊的态度，尽管西夏社会巫风极盛，其立法的出发点与处理原则和中原法典无异。

　　总之，《律令》虽然借鉴并吸收了《唐律疏议》的编纂体例与部分内容，但其实体法与程序法合一的合体法律形式十分鲜明。《律令》的主要特征表现为以宗族主义与阶级观念为内核的儒家意识形态，它是《律令》的价值支撑。贵贱、良贱分层的原则贯穿于西夏法制中，西夏法典作为西夏社会主要的社会制度与社会规范，最终维护的是皇权支配下的等级森严的社会秩序，这是西夏法典产生的社会基础。西夏法典是中华法系的组成部分，蕴含在西夏法典中基本精神与基本观念是深厚的华夏文化，这正是中华民族多元一体格局深广的精神基础。

主要征引文献

基本文献

陈高华等点校:《元典章》,天津古籍出版社2011年版。
(清)戴震、何文光整理:《孟子字义疏证》,中华书局1982年版。
戴建国点校:《庆元条法事类》,黑龙江人民出版社2002年版。
(唐)杜佑撰,王文锦等点校:《通典》,中华书局1988年版。
俄罗斯科学院东方研究所圣彼得堡分所、中国社会科学院民族所、上海古籍出版社编:《俄藏黑水城文献》(第九册),上海古籍出版社1999年版。
(唐)房玄龄等撰:《晋书》,中华书局1974年版。
(西夏)骨勒茂才著,黄振华、聂鸿音、史金波整理:《番汉合时掌中珠》,宁夏人民出版社1989年版。
郭成伟点校:《大元通治条格》,法律出版社2000年版。
怀效锋点校:《大明律》,法律出版社1999年版。
(宋)江少虞撰:《宋朝事实类苑》,上海古籍出版社1981年版。
(宋)李焘:《续资治通鉴长编》,中华书局1992年版。
(宋)李心传撰,徐规点校:《建炎以来朝野杂记》,中华书局2006年版。
(后晋)刘昫等撰:《旧唐书》,中华书局1975年版。
刘俊文撰:《唐律疏议笺解》,中华书局1996年版。
(元)马端临:《文献通考》,中华书局1986年版。
(宋)欧阳修:《新唐书》,中华书局1975年版。
(宋)钱易撰,黄寿成点校:《南部新书》,中华书局2002年版。
[日]仁井田陞著,池田温等编:《唐令拾遗补》,东京大学出版社1997年版。
[日]仁井田陞著,栗劲等编译:《唐令拾遗》,长春出版社1989

年版。

（宋）上官融撰：《友会谈丛》，文渊阁四库全书本。

（宋）沈括：《梦溪笔谈》，岳麓书社2002年版。

史金波、聂鸿音、白滨译注：《天盛改旧新定律令》，法律出版社2000年版。

（宋）宋敏求：《唐大诏令集》，中华书局2008年版。

（宋）苏洵著，曾枣庄、金成礼笺注：《嘉祐集笺注》，上海古籍出版社1993年版。

（元）脱脱等撰：《金史》，中华书局1975年版。

（元）脱脱等撰：《辽史》，中华书局1974年版。

（元）脱脱等撰：《宋史》，中华书局1985年版。

（宋）王溥撰：《唐会要》，中华书局1955年版。

（宋）王溥撰：《五代会要》，上海古籍出版社1978年版。

（宋）王钦若等编纂，周勋初等校订：《册府元龟》，凤凰出版社2006年版。

（宋）王应麟撰：《玉海》，江苏古籍出版社1987年版。

（宋）王栐撰，诚刚点校：《燕翼诒谋录》，中华书局1981年版。

（唐）魏征等撰：《隋书》，中华书局1973年版。

（清）吴广成撰，龚世俊等校证：《西夏书事校证》，甘肃文化出版社1995年版。

（清）徐松辑：《宋会要辑稿》，中华书局1957年版。

（宋）薛居正等：《旧五代史》，中华书局1975年版。

薛梅卿点校：《宋刑统》，法律出版社1999年版。

（清）叶昌炽撰，韩锐校注：《石语校注》，今日中国出版社1995年版。

（元）佚名氏著，李之亮点校：《宋史全文》，黑龙江人民出版社2005年版。

（宋）曾巩：《隆平集》，董氏万卷堂刻本。

张荣铮、刘勇强、金懋初等点校：《大清律例》，天津古籍出版社1993年版。

（宋）赵彦卫撰，傅根清点校：《云麓漫钞》，中华书局1996年版。

中国社会科学院历史研究所天圣令整理课题组：《天一阁藏明钞本天

圣令校正》，中华书局 2006 年版。

（清）祝庆祺等编：《刑案汇览》，北京古籍出版社 2004 年版。

近人著作与论文

陈炳应：《西夏谚语——新集锦成对谚语》，山西人民出版社 1993 年版。

陈寅恪：《隋唐制度渊源略论稿》，生活·读书·新知三联书店 2001 年版。

程树德：《九朝律考》，中华书局 1963 年版。

戴建国：《唐宋变革时期的法律与社会》，上海古籍出版社 2010 年版。

戴建国：《天一阁藏明抄本〈官品令〉考》，载《历史研究》1999 年第 3 期。

戴炎辉：《唐律通论》，正中书局 1972 年版。

[美] 德克·布迪、克拉伦斯·莫里斯：《中华帝国的法律》，朱勇译，江苏人民出版社 2008 年版。

杜建录：《天盛律令与西夏法制研究》，宁夏人民出版社 2005 年版。

杜建录：《西夏仓库制度研究》，载《中国史研究》1998 年第 2 期。

郭东旭：《宋代法制研究》，河北大学出版社 2000 年版。

郭东旭：《宋代法治研究》，河北大学出版社 2000 年版。

韩小忙：《试论西夏妇女的社会地位》，载《中国史研究》1999 年第 1 期。

刘斌：《武威发现西夏砖室火葬墓》，载《中国文物报》1997 年 7 月 7 日。

刘俊文：《敦煌吐鲁番唐代法制文书考释》，中华书局 1989 年版。

柳立言：《宋代的宗教、身份与司法》，中华书局 2012 年版。

聂鸿音：《西夏刻字司和西夏官刻本》，载《民族研究》1997 年第 5 期。

宁笃学等：《西夏武威西郊林场西夏墓清理简报》，载《考古与文物》1980 年第 3 期。

宁夏回族自治区博物馆：《西夏八号陵发掘简报》，载《文物》1978 年第 8 期。

宁夏回族自治区博物馆：《西夏陵区 101 号墓发掘简报》，载《考古与文物》1983 年第 5 期。

宁夏回族自治区博物馆：《西夏陵区 108 号墓发掘简报》，载《文物》1978 年第 8 期。

宁夏文物考古研究所：《闽宁村西夏墓地》，科学出版社 2004 年版。

荣新江、史睿：《俄藏敦煌写本（唐令）（Д X.3558）考释》，载《敦煌学辑刊》1999 年第 1 期。

邵方：《西夏法制研究》，人民出版社 2009 年版。

沈家本：《沈寄簃先生遗书》，文海出版社 1964 年版。

史金波：《〈甘肃武威发现的西夏文考释〉质疑》，载《考古》1974 年第 5 期。史金波：《史金波文集》，上海辞书出版社 2005 年版。

史金波：《西夏的职官制度》，载《历史研究》1994 年第 2 期。

史金波：《西夏社会》，上海人民出版社 2007 年版。

孙昌盛：《略论西夏的墓葬形制与丧葬习俗》，载《东南文化》2004 年第 5 期。

王静如：《甘肃武威发现的西夏文考释》，载《考古》1974 年第 3 期。

王天顺：《天盛律令与西夏社会形态》，载《中国史研究》1999 年第 4 期。

王天顺主编：《西夏天盛律令研究》，甘肃文化出版社 1998 年版。

吴天墀：《西夏史稿》，四川人民出版社 1980 年版。

杨鸿烈：《中国法律在东南亚诸国之影响》，中国政法大学出版社 1997 年版。

郑显文：《唐代律令制研究》，北京大学出版社 2004 年版。

钟长发：《甘肃武威清理发掘西夏墓葬出土彩绘木版画等一批珍贵文物》，载《中国文物报》1997 年 6 月 29 日。